STATISTIQUE

DE GIVORS.

Nascentes morimur, finisque ab origine pendet.

Mille modis morimur mortales, nascimur uno;
Una vitæ, moriendi mille figuræ.

STATISTIQUE

DE GIVORS,

OU

RECHERCHES SUR LE NOMBRE

DES NAISSANCES, DES DÉCÈS ET DES MARIAGES,

ET SUR LEURS RAPPORTS ENTRE EUX ET AVEC LES SAISONS, ETC.

PAR

le doct. Brachet, de Lyon.

Ouvrage couronné par l'Académie royale des Sciences,
Arts et Belles-Lettres de Lyon.

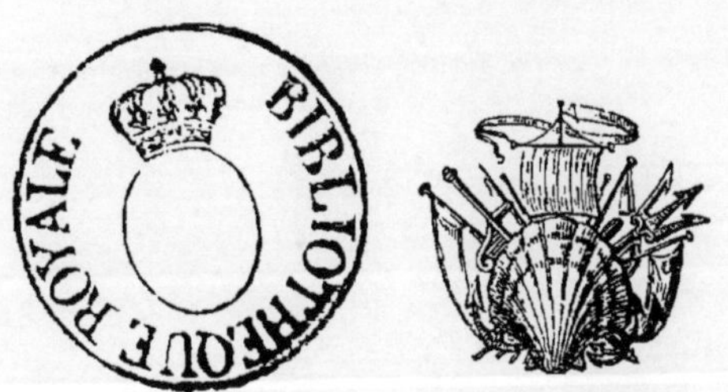

LYON.

IMPRIMERIE DE LOUIS PERRIN,

GRANDE RUE MERCIÈRE, N. 49.

1832.

A mon Père.

C'est au meilleur des Pères que je dédie ce travail sur Givors. Les sentiments de fils et de Givordin se réunissent pour lui faire cet hommage, parce qu'aux vertus privées qui le font chérir d'une nombreuse famille, il joint les vertus publiques qui lui ont acquis l'estime de ses concitoyens.

J. L. Brachet.

STATISTIQUE

DE GIVORS.

❋

La statistique n'est plus un objet de simple curiosité : ses avantages sont immenses. Aussi presque de tout temps, les états, les sectes et les savants les ont bien appréciés et ont senti la nécessité des différentes espèces de dénombrements, seules statistiques alors imparfaitement exécutées, pour connaître leur population ou leurs partisans. Ce n'est que dans les temps modernes que ces sortes de recherches ont été faites d'une manière grande, scrupuleuse et fidèle. C'est en lisant surtout les recherches immenses du docteur L. R. Villermé, qu'on est étonné et du travail et des heureux résultats auxquels on est déja arrivé, principalement dans le nord de l'Europe, en Suède, en Angleterre, en Allemagne et en France. N'en doutons point, l'utilité aujourd'hui si bien comprise des travaux statistiques fera de plus en plus sentir leurs bienfaits. L'hygiène, les mœurs, la civilisation et l'éducation physique, morale et intellectuelle de l'homme y gagneront beaucoup. Ne nous étonnons donc point de la part active qu'y prend l'académie royale des Sciences, Arts et Belles-Lettres de Lyon, en provoquant des recherches sur la statistique de cette immense cité et sur celle du département du Rhône. Honneur au savant philanthrope, M. de Ruolz, qui a fondé dans son sein un prix bien capable d'encourager d'aussi importants travaux. Le désir de seconder les intentions de l'académie et du fondateur m'a fait entreprendre des recherches statistiques sur la petite ville de Givors. Je choisis de préférence cette commune, d'abord, parce que je lui dois le jour et que je suis bien aise de lui payer le juste tribut d'amour que tout cœur bien né doit à son pays natal, à sa vraie patrie; en second lieu, parce que Givors se trouve dans une position topographique et commerciale qui en favorise l'accroissement de population, et qui en fait présager une plus grande encore. On sent combien une ville qui grandit, offre plus d'intérêt qu'une bourgade vieillie dans un *statu quo* perpétuel et monotone.

J'ai compris dans mes recherches les naissances, les décès et les mariages depuis 1803 jusqu'à 1830 inclusivement, ce qui fournit un espace de vingt-huit ans. Ainsi mon travail se divise naturellement en trois sections qui comporteront autant de subdivisions qu'il y aura de points de vue différents sous lesquels on pourra les envisager. Dans une quatrième section j'établirai les rapprochements et les points de comparaison des naissances avec les décès et avec les mariages. Ce travail serait immense et bien important, s'il était traité par une plume exercée dans ce genre. Je présenterai les choses telles qu'elles sont; la vérité seule en fera tout le mérite. Puisse l'Académie ne pas le juger trop au dessous de l'entreprise, et l'honorer d'un accueil favorable!

Givors est une petite ville située à quatre lieues au dessous de Lyon, sur la rive droite du Rhône, à l'endroit où le Gier se jette dans ce fleuve. C'est de cette rivière qu'il reçoit son nom; car en langage du pays *Gier* s'appelle *Gi*, et *vors* est une corruption gasconne de *bords*. Cela est si vrai qu'on appelle les habitants *Givordins*, et non *Givorsiens*. C'est donc comme si l'on écrivait *Gierbords* ou *bords de Gier*. L'étymologie est la même que celle de Rive-de-Gier, dont la dénomination est moderne.

Anciennement Givors était bâti sur un monticule très escarpé adossé à une suite de montagnes plus élevées qui sont une ramification des Cévennes. Cependant une partie de la ville était construite dans la plaine, au pied du mamelon. Alors c'était une place forte ceinte de murs très solides et capables de soutenir un siége. Dans nos guerres de religion, lorsque le baron des Adrets, le plus terrible ennemi des catholiques, portait le ravage et la désolation dans nos provinces, il attaqua Givors et le bombarda. La partie haute de la ville souffrit cruellement, tandis que la partie basse fut garantie par les murs. Les habitants ne songèrent plus à se percher sur leur rocher, tout couvert encore des débris de leurs masures, d'un couvent et d'une église; ils l'abandonnèrent et restèrent dans la partie basse. Le système politique qui commença à se modifier dans les institutions féodales leur permit de ne plus songer à se renfermer dans leurs murailles pour se défendre, parce que la France devint plus unie au roi, forma mieux un tout homogène et harmonique, et ne donna plus à chaque petit seigneur ou baron le droit de faire la guerre à son voisin ou même à son souverain.

Givors, qui jusque là n'avait fait que cultiver son petit territoire, franchit ses murs. Le Gier, qui les baignait et leur servait de fossé, s'en éloigna et leur abandonna son lit. On voyait encore en 1800 les murs et les quatre portes de cette partie basse de la ville; le tout était bien conservé et très solide. Les habitants ont renversé les murs pour construire des maisons, et le maire a fait abattre les portes, parce qu'étant trop basses et trop étroites, elles gênaient la voie publique; mais long-temps avant cette époque, la population s'était en général portée hors des murs. Les maisons conservées dans la vieille enceinte sont petites, basses, mal aérées; les rues qui les séparent permettent à peine à une voiture d'y passer. Ce quartier constitue ce qu'on appelle encore la ville. Il est généralement habité par les anciens, ou plutôt par les véritables naturels du pays, les agriculteurs. Le rez-de-chaussée est occupé chez la plupart, par un âne, une chèvre, quelques brebis et les instruments aratoires, tandis qu'ils couchent au premier étage, sur un misérable lit. Peu à peu ces habitudes se modifient : les anciens disparaissent et avec eux leurs usages; les jeunes se modèlent sur les modernes, et cherchent plus d'aisance dans la vie. La ville neuve est beaucoup mieux construite; les rues en sont larges; on y compte trois places, et le port qui est immense. Cette partie fut commencée par quelques pêcheurs. Bientôt la navigation fixa quelques habitants sur les bords du Rhône. Condrieu jouissait presque exclusivement de cette branche d'industrie; mais l'activité et la loyauté des Givordins leur donnèrent une immense supériorité, et l'on peut dire que, pour le Rhône, *le trident de Neptune* passa dans leurs mains, tellement que la partie riveraine de Condrieu est devenue presque déserte. Les *mariniers* (on appelle ainsi les gens de rivière à Givors et tout le long du littoral du Rhône et de la Saône) firent construire une chapelle sous l'invocation de saint Nicolas. Cette chapelle devint le centre de Givors et la paroisse : auparavant, après la destruction de leur église, les habitants allaient à la messe à Bans, hameau éloigné de la ville. Givors devint en même temps le port de Rive-de-Gier pour les charbons de terre. Disons mieux, ce fut à Givors que se fit le commerce de ce combustible : l'exploitation se faisait à Rive-de-Gier, mais les marchands furent des Givordins, et encore aujourd'hui il en est de même. Les verreries que MM. Robichon et Aynard apportèrent à Givors, ajoutèrent subitement beaucoup à sa population. Le canal, qui s'établit vers la même époque lui fut plus nuisible qu'utile; car auparavant le charbon était apporté à dos de mulet et emmagasiné à Givors; de là il était chargé sur les bâteaux et expédié sur tous les points du Rhône et de la Saône. Ce manîment de charbon occupait en muletiers, logeurs et crocheteurs quatre fois plus de monde que le canal, qui amène de Rive-de-Gier le charbon tout chargé sur des bateaux qui ne font que passer, sans nécessiter d'autre main-d'œuvre que trois hommes pour les conduire. Cependant le bassin qui termine le canal à Givors a opéré une modification : la plupart des gens de la navigation du canal se sont fixés autour de ce bassin, ont construit de belles maisons sur tout son bord méridional ou le plus rapproché de Givors, et ont formé de cet endroit une espèce de faubourg, séparé de la ville par une petite prairie et par le Gier. Je ne parle pas du chemin de fer ni de la Gare : ces deux établissements occupent une partie du lit même de la rivière, qui était si large qu'une compagnie venait de se former pour le borner et pour faire de chaque côté des prairies sur un vaste terrain de graviers qui lui était inutile. Ce chemin de fer est à son tour appelé à opérer d'immenses changements dans la manière d'être de Givors. Comme je serai obligé d'y revenir, je ne fais que l'indiquer ici.

Outre ces éléments de prospérités, navigation du Rhône, canal, chemin de fer, verreries, Givors possède encore, autant dans son sein que dans le hameau de Bans qui en dépend, d'immenses poteries de terre et des tuileries ; et une manufacture d'une faïence plus belle que la terre de pipe vient encore de s'établir sur ses limites, aux Arboras, près de la rivière de Garon. Je ne parle pas du territoire de Givors : quoique fertile et propre à tous les genres de productions, il ne suffit pas à la consommation du pays. On y recueille du blé, toute sorte de céréales, des légumes, du foin, tous les fruits de la contrée : cerises, abricots, prunes, pêches, poires, pommes, châtaignes, noix, etc.; le vin y est assez abondant, mais sa qualité.... n'en parlons pas. Les mûriers y profitent bien et y font élever avec fruit les vers à soie; beaucoup de bois de chêne et de châtaignier y sont aussi d'un grand produit. De tout côté on trouve des rochers dont la pierre feuilletée se lie très bien avec le mortier, et favorise les constructions solides. La montagne de Mouron présente une qualité inférieure de granit, dont on ne peut faire qu'une mauvaise pierre de taille; aussi n'est-il plus ou presque plus employé à cet usage. Les sables du Rhône sont eux-mêmes avantageux à Givors : ils sont de la silice presque pure; de sorte qu'ils fournissent à peu de frais les matériaux de la vitrification, surtout pour les bouteilles.

Les Lyonnais ne doivent-ils pas conserver un souvenir de reconnaissance bien cher aux Givordins ? Pouraient-ils jamais oublier l'accueil fraternel qu'ils en reçurent en 1793? Lorsque leurs têtes proscrites tombaient par milliers sous les *mitraillades* du vandalisme révolutionnaire, dix mille fugitifs trouvèrent à Givors un asyle assuré contre la persécution. Plus le danger que l'on courait était grand, plus on se disputait le bonheur de sauver quelques-unes de ces héroïques victimes. Ils y reçurent en frères tous les soins de l'hospitalité, jusqu'à la chute de l'infame enfant de la république. Ce beau trait, n'en doutons point, sera consacré dans l'histoire, et en fera une des plus belles pages de ces temps de malheur, en mettant de grandes vertus à côté des crimes monstrueux des révolutionnaires. Ce qu'il y a peut-être de plus admirable, c'est que la population fut unanime, il n'y eut pas même une dénonciation. Ce qu'elle fit alors, elle le ferait encore aujourd'hui; mais espérons que nous ne serons pas appelés au malheur de voir une seconde fois de semblables horreurs, malgré les projets et les tentatives imprudentes de quelques turbulents ambitieux qui, à force d'art et de déguisement, parviennent malheureusement quelquefois à séduire et à surprendre la bonne foi et la religion des honnêtes gens.

CHAPITRE I.

DES NAISSANCES.

Dans le relevé que j'ai fait, j'ai classé les naissances à mesure qu'elles se sont présentées dans les registres, en les rapportant chacune à l'année et au mois où elle a eu lieu. J'ai indiqué en même temps le nombre d'enfants de chaque sexe, et de ceux qui sont naturels. Ainsi j'ai fait un tableau pour chaque année. A chaque mois se trouvent indiqués, 1° le nombre total des naissances; 2° le nombre des garçons; 3° le nombre des filles; 4° enfin le nombre des enfants naturels. Au bas de chaque tableau j'ai fait l'addition de chaque colonne, afin de lui faire présenter pour chaque année la somme totale et des naissances, et des garçons, et des filles.

Comme ces vingt-huit tableaux se trouvent reproduits dans les suivants, et qu'ils ne m'ont servi que pour les composer, ils devenaient inutiles et je les ai supprimés. Il nous importe surtout d'avoir la somme totale des naissances pendant les vingt-huit ans dont nous avons pu faire le relevé; c'est ce que nous avons opéré dans le tableau (n° 1), où j'ai placé d'abord le chiffre des naissances de chaque année, puis successivement celui des garçons, des filles, des enfants légitimes et des enfants naturels. J'y ai joint celui des jumeaux.

Ce tableau a l'immense avantage de nous présenter la somme totale des naissances, des sexes, etc. Mais un avantage non moins grand, c'est qu'il nous met sous les yeux et dans un cadre resserré, le nombre des naissances et celui des sexes pour chaque année, de manière que d'un coup d'œil on peut faire la comparaison des rapports et des différences qu'a présentés chaque année dans le nombre des naissances et des sexes. Ainsi dans l'espace de vingt-huit ans, il est né à Givors, quatre mille cinq cent quatre-vingt-deux enfants; ce qui ferait, terme moyen de chaque année, cent soixante-trois naissances et demie environ; mais ce terme moyen ne peut pas être pris à la rigueur : il serait une inexactitude dans une ville dont la population va toujours en croissant. Aussi voit-on que dans les premières années, à peine en est-il quelques-unes dont le nombre des naissances soit allé à ce chiffre, tandis que dans les années dernières, elles l'ont toutes dépassé plus ou moins. Pour donner un terme moyen plus approximatif, j'ai pensé qu'il serait plus convenable de partager les vingt-huit ans en deux périodes égales de quatorze ans chacune. L'addition des quatorze premières années donne 2157; celle des quatorze dernières donne 2425. Il y a donc eu dans ces quatorze dernières années 268 naissances de plus que dans les quatorze premières. Le terme moyen des quatorze premières années est de 150 naissances et demie par an, tandis que le terme moyen des dernières est de 173 et tiers. Ce surcroît de 23 naissances de plus par an suppose nécessairement un accroissement dans la population; et si nous voulions pousser l'exactitude scrupuleuse plus loin, nous verrions que les cinq dernières années fournissent un terme moyen de 187 naissances, tandis que les premières années de la première série ne donneraient qu'un terme moyen de 145; ce qui ferait une différence actuelle de 42 naissances de plus par année. Cette progression toujours croissante des naissances pourrait à son tour nous fournir une donnée sur l'accroissement proportionnel de la population, en établissant, comme chose probable, que le nombre des naissances est toujours en rapport avec la population. Ainsi, le nombre d'habitants étant connu pour une époque quelconque, il serait facile de trouver le terme inconnu de toutes les autres époques. Mais ce nombre est-il connu? Il est impossible de le dire : aucune table n'a été dressée; aucun registre ne l'établit. Plusieurs fois on a voulu faire le recensement; mais on sait tout ce qu'une pareille opération éprouve de difficultés auprès d'habitans qui sont intéressés à déguiser leur population réelle. Aussi les données de la municipalité sont-elles insuffisantes, et nous partirons de la croyance où l'on était de 1800 à 1803, que Givors contenait 4000 ames. Quoique peu exacte, cette donnée est plus sûre que celle des recensemens, dans lesquels a toujours été soustrait le tiers au moins de la population. Cela posé, il nous est bien facile d'arriver au terme inconnu de la proposition, que nous établirons ainsi pour chaque époque : si 145 naissances sont provenues de 4000 habitans, 150, 163 ou 187 de combien proviendront-elles ? Franchissant toutes ces équations pour nous en tenir à la dernière, nous obtiendrons pour terme inconnu le nombre de 5161 habitans. Cette population n'a pas toute l'exactitude possible, parce qu'elle repose sur la supputation d'un très petit nombre d'années, pour le terme moyen des naissances. Nous y ajouterions plus de confiance si les choses se passaient toujours de la même manière. En effet, disons-le de suite, Givors compte aujourd'hui plus de 6000 ames. Sa population a donc augmenté de mille ames de plus que la proportion des naissances ne semblerait l'indiquer ; car, en calculant en sens inverse de ce que nous avons fait, et en disant : Si 4000 ames ont donné 145 naissances, combien 6000 devront-elles en donner, le résultat serait bien différent. Cette dernière population devrait donner, toutes proportions d'ailleurs les mêmes, 217 naissances et demie par an. Chaque naissance proviendrait, dans l'une et l'autre époque, de 27 personnes et demie, au lieu que dans le calcul fourni par les nombres réels, les dernières années de la plus grande population n'ont donné qu'une

2

naissance pour 32 personnes (1). Cette différence est à peu près constante dans tous les autres pays ; plus la population augmente, plus le nombre proportionnel des naissances diminue. C'est dans les grandes villes surtout que ce résultat est le plus marqué. Quelles peuvent en être les causes? Les voici. Dans les petits endroits, il y a plus de simplicité. A mesure que les garçons et les filles atteignent l'âge nubile, ils se marient, et ils font une plus grande quantité d'enfants, soit que les organes générateurs, plus vierges, aient plus d'activité prolifique, soit que les époux ne connaissent dans le mariage que le bonheur d'avoir une nombreuse famille. Aussi, n'est-ce que dans les campagnes riches qu'on trouve cette fécondité remarquable. Sous ce rapport, Givors naguère ne le cédait en rien à aucune ville ou aucun village : la plupart des familles comptaient de six à douze enfants. A mesure qu'une habitation s'accroît, le luxe s'y introduit, les mœurs y perdent de leur simplicité ; d'où résultent, d'une part, moins de mariages à proportion, et ensuite, des familles moins nombreuses. C'est ce qu'on observe à Givors, où l'on ne voit plus guère ces fourmilières d'enfants qu'on y comptait en grand nombre autrefois. Ces considérations nous expliquent la différence que nous avons trouvée dans le nombre proportionnel des naissances. Quoi qu'il en soit de

(1) Les relevés faits par ordre du gouvernement pendant trois années dans trente-deux départements ont fourni une naissance sur vingt-huit; mais nous aurons souvent occasion de faire ressortir l'inexactitude des calculs qui ne reposent que sur un petit nombre d'années.

nos conjectures sur la cause de cette différence, elle n'en existe pas moins: elle est un fait. Aussi, en la signalant, nous ne présentons nos observations que pour ce qu'elles sont.

Quoique j'aie constamment parlé de l'augmentation graduelle des naissances, il ne faut pas prendre ces paroles à la lettre; car plusieurs fois cet ordre a été interverti. Nous voyons, par exemple, qu'en 1820 il n'y a eu que 133 naissances, nombre inférieur à tous ceux que le tableau nous présente depuis 1804. Nous voyons également que 1830 n'a eu que 164 naissances, tandis que les huit années précédentes avaient toutes dépassé ce chiffre. La progression est donc envisagée d'une manière générale, et non d'une manière spéciale et individuelle.

Influence des saisons sur les naissances.

Certaines époques de l'année, telles que les saisons, ont-elles eu quelque influence sur le nombre des naissances? Cette recherche ne peut être faite qu'en unissant les naissances de chaque mois les unes aux autres, pour faire une somme totale des naissances arrivées dans chaque mois, et par conséquent dans chaque saison. C'est ce que j'ai établi dans le tableau nº II, en faisant un relevé des naissances de chaque mois indiquées dans les premiers tableaux, et en les classant convenablement.

Comme on le voit, ce ne serait point en prenant le nombre isolé des naissances de chaque mois, qu'on obtiendrait un résultat positif, parce qu'il y a de grandes variations. Ce n'est qu'en réunissant tous les mois ensemble par l'addition, que nous avons pu trouver un résultat plus certain. Un simple coup d'œil nous démontre que ce sont les mois de janvier, février, mars, avril, mai, octobre, novembre et décembre dans lesquels les naissances ont été le plus nombreuses ; ce qui correspond aux saisons de l'hiver et de l'automne. Comme les naissances ne sont que la conséquence des conceptions, et qu'elles ne sont arrivées à ces époques que parce que la conception avait eu lieu neuf mois plus tôt, nous pouvons donc raisonnablement conclure que c'est pendant l'hiver et pendant le printemps que s'opère le plus grand nombre des conceptions, et que l'été et l'automne sont les saisons les moins favorables à cette grande fonction de reproduction pour la conservation de l'espèce. On conçoit facilement comment le printemps, en réveillant et en rajeunissant en quelque sorte la nature, opère le même phénomène d'excitation sur le genre humain. Mais l'hiver, pendant lequel la nature entière semble morte, comment l'homme seul conserve-t-il le privilége de remplir la plus noble des fonctions avec une énergie supérieure? Les organes ne sont peut-être pas plus excités que dans les autres saisons, ils ne sont peut-être pas plus aptes à exécuter cette fonction ; mais si l'on envisage la conduite de l'homme social pendant l'hiver, surtout dans les petites villes, on en trouvera peut-être la raison, 1° dans la durée plus longue des nuits, qui favorise singulièrement les rendez-vous du soir, et surtout qui produit, en prolongeant le séjour au lit, cette excitation génératrice du matin qui a été signalée par tous les observateurs. Lorsque l'homme laborieux et actif songe, en s'éveillant, à courir à ses occupations, et que le grand jour du matin lui montre moins de fatigue à travailler dans les champs, l'amour a bien de la peine à le retenir, il part et va profiter de la fraîcheur; tandis qu'en hiver, quatre à cinq heures de plus au lit donnent le temps de songer à une autre occupation. 2° Dans le plus grand nombre de mariages qui se font en cette saison, comme nous le ferons remarquer plus loin.

Les saisons de l'été et de l'automne ont été les moins favorables à la fécondation. En été, on le sent aisément, les grandes chaleurs engourdissent la vie, ramollissent les tissus et inspirent moins d'empressement pour les amours. L'automne est moins chaud, il est vrai, mais la vie de reproduction est encore affaiblie; elle semble se conformer, dans notre espèce, à l'ordre général de la nature. Tout ce qui a vie languit dans ce moment; les fruits se récoltent, la végétation et la génération se suspendent. D'ailleurs, dans les campagnes, c'est le moment des plus grands travaux : d'un côté, il faut récolter, de l'autre, il faut ensemencer; ces deux sortes d'occupations ne laissent aucun moment au cultivateur.

Les mois les plus féconds auraient donné, terme moyen, 13 enfants et demi par mois, tandis que les mois les moins féconds n'en auraient fourni que 11 et demi. J'ai établi les faits; mais, j'en conviens, la recherche des causes est une spéculation théorique qui offre toutes les chances de probabilité possibles, et que je suis loin de donner pour la certitude même, pour un fait. Cependant, le résultat obtenu à Givors est, à peu de chose près, d'accord avec celui que le docteur Villermé a trouvé par ses recherches sur les naissances dans toute la France. En effet, le seul mois de juillet s'en écarte : d'après ce savant, il est le moins chargé de naissances, et dans notre tableau, c'est le mois de juin.

Influence des années de stérilité.

Les années plus ou moins fertiles auraient-elles eu quelque influence? On peut le présumer; mais il est impossible de rien affirmer, car les années 1804 et 1820, qui présentent le moins grand nombre de naissances, n'ont été signalées par aucune circonstance de disette, tandis qu'en 1812 et 1817, années où la cherté des grains a été remarquable, le nombre des naissances a presque atteint le terme moyen.

Influence des guerres, etc.

Trouverons-nous dans les événements politiques, et surtout dans la guerre, quelque influence digne d'être notée? En aucune façon, puisqu'en 1813 et 1814, époque de douloureuse mémoire, le nombre des naissances a été supérieur à ce qu'il avait été jusque là. Il est vrai qu'en 1815 le nombre n'a pas été très élevé; mais en 1820, temps de paix s'il en fut jamais, il a été bien inférieur. On ne peut donc rien conclure, absolument rien. Cependant, nous ne dirons pas non plus avec quelques auteurs, que la guerre et les désastres de la famine et des épidémies meurtrières rendent plus active la fécondation, en donnant à entendre par là que la nature, toujours attentive à la conservation des espèces, s'empresse de réparer les pertes que ces circonstances destructives ont fait éprouver à l'espèce humaine. Givors, il est vrai, est un trop petit point, pour rien faire conclure de général.

Rapports des naissances des sexes.

Dans les tableaux annuels des naissances, nous avons noté mois par mois le nombre des enfants de chaque sexe. Dans le tableau général, nous les avons notés par années, et dans ce dernier tableau (n° 1), nous avons eu par l'addition la somme des enfants de chaque sexe. Ainsi, nous trouvons que les 28 années soumises à nos recherches ont fourni 2392 naissances d'enfants mâles, et 2190 du sexe féminin. Pendant ce laps de temps, il est donc né plus de garçons que de filles; la différence est 202. Elle est au moins d'un 11e, proportion énorme, si l'on a égard surtout à celle qui est généralement adoptée d'un 21e ou 22e de garçons de plus; ou en termes plus précis, il y a eu 23 garçons, quand il y avait 21 filles. D'où viendrait une différence aussi prodigieuse? serait-elle particulière à Givors? Ces questions ne peuvent pas être résolues pour le moment, parce que nous avons peu de statistiques complètes et exactes. Nous signalons le fait; peut-être contribuera-t-il à rectifier une erreur. Combien de fois on s'est transmis une croyance comme un héritage, et cette croyance était une erreur que son antiquité ne permettait pas de recevoir autrement que comme une vérité démontrée et sanctionnée par les siècles.

. . . . Pro magno teste vetustas
Creditur, acceptam parce movere fidem.

L'évidence a souvent même de la peine à détromper. Au reste, il peut se faire que certaines localités soient réellement plus fécondes en garçons qu'en filles. Ce serait un sujet de recherches à faire, que de savoir quelles sont ces localités. Eh! qui sait si ce n'est point là une de ces prévoyances incompréhensibles de la nature, qui a cherché à proportionner les ressources aux besoins! Givors, par sa position et ses moyens d'existence, expose beaucoup plus la vie des hommes que celle des femmes. En serait-il de même dans les cités et chez les peuplades qui offriraient les mêmes conditions de destruction? Tandis que dans les grandes villes, les travaux étant plus uniformes et plus partagés, ne sont pas la source de plus d'accidents pour les hommes que pour les femmes. De pareilles recherches seraient immenses; mais elles ne sont pas impossibles; et déja on a commencé à s'occuper de la statistique relative aux diverses professions.

Les deux colonnes relatives aux sexes prouvent combien il importe de ne jamais tirer de conséquence que sur un grand nombre donné, sur une masse imposante. En effet, si l'on eût pris, je suppose, les années 1809, 1810 et 1811, on aurait eu

234 garçons et 239 filles, par conséquent, cinq filles de plus. Si nous eussions relevé seulement les trois dernières années 1828, 1829 et 1830, nous aurions eu un plus grand nombre proportionnel de filles, puisque ces trois années ont donné 270 garçons et 288 filles; ce qui aurait fait 18 filles de plus. D'un autre côté, nous aurions trouvé quelquefois des espaces de dix ans qui auraient fourni une proportion de garçons plus du double de celle que nous a donnée la réunion de 28 ans. Combien il faut se défier de ces relevés pris sur de petites masses, et surtout pendant un petit nombre d'années! Je n'ai pas toujours trouvé sur les registres, les garçons et les filles alternés dans la proportion qu'ils ont présentée en masse. Souvent il y avait un plus grand nombre de garçons sans interruption, d'autres fois, c'était un plus grand nombre de filles. J'ai compté une fois quatorze naissances de suite du même sexe.

J'ai essayé, dans les deux tableaux n°s III et IV, de chercher l'influence que pourraient avoir eue les saisons sur la production des garçons ou des filles. C'est en ajoutant, pour le premier, le nombre de garçons nés dans chaque mois, et pour le second, celui des filles, que j'ai pu les confectionner.

En rapprochant les résultats de ces deux tableaux, nous trouvons des variations, qui font éloigner plus ou moins chaque mois de la proportion générale que nous avons trouvée dans le nombre respectif des garçons et des filles. Ainsi les mois de janvier, février, mai, et surtout ceux de juillet, ont vu naître un nombre proportionnel de garçons supérieur à celui des autres mois. Cependant, dans aucun mois, excepté dans ceux d'avril réunis, le nombre des filles n'a été supérieur à celui des garçons; et encore, dans les mois d'avril, n'y a-t-il qu'une fille de plus. Faut-il conclure de là que les naissances, dans les mois de janvier, février, mai et juillet, sont plus favorables au sexe masculin, et celles des autres mois, et surtout d'avril, plus propices au sexe féminin; et que selon qu'on désirera procréer un sexe à volonté, il faudra choisir le neuvième mois correspondant, pour avoir des chances plus certaines? Non sans doute : car, si nous parcourons le tableau, nous verrons que la supériorité en nombre de l'un des deux sexes, n'est pas constante chaque année; ce qui devrait être. Or cela n'est pas, puisque les mois de janvier de 1821, 1822, 1823, 1824, 1827 et 1829 ont donné le jour à un plus grand nombre de filles que de garçons, et que dans les autres mois, on trouve une foule d'anomalies semblables dans le nombre des sexes, tantôt en plus, tantôt en moins. De façon qu'il est de toute impossibilité de tirer aucune conséquence rigoureuse, et que celui qui s'y fierait jouerait tout simplement à *pair ou impair*. Ainsi, les différences qui se font remarquer dans les proportions numérales des sexes, sont purement fortuites, et ne peuvent être attribuées à aucune influence des saisons. Le mois d'avril, qui contient le plus grand nombre de filles, est à côté du mois de mai, qui a vu naître un excédant de garçons. Pourrait-on supposer que l'influence des chaleurs du mois d'août favorise la génération des filles, en apportant plus de mollesse dans la fibre, et par conséquent, moins d'activité vitale dans les germes... Pourquoi alors dans ce mois, les filles n'ont-elles pas été toutes les années en plus grand nombre que les garçons, surtout dans les années 1812 et 1823, où il y a eu trois fois autant de garçons que de filles? Tout ce que nous pourrions dire là-dessus, ne serait que le résultat de combinaisons gratuites et conjecturales. Je le répète, ces différences sont fortuites, elles ne sont qu'un jeu du hasard. Qu'on y réfléchisse bien, la nature devait tenir ce mystère couvert d'un voile impénétrable, et le soumettre, dans sa régularité réelle, aux apparences des chances les plus douteuses possibles. Si elle eût, je suppose, affecté un mois plus spécialement aux naissances des enfants mâles, l'observation l'aurait bientôt fait trouver, et l'on aurait vu les trois quarts au moins des garçons naître dans ce mois. Leur nombre l'eût emporté outre mesure sur celui des filles, l'équilibre aurait été détruit, et l'ordre social renversé. L'espèce humaine se serait anéantie par où l'on aurait cru la mieux conserver, en multipliant le sexe le moins apte à la reproduction. La sage nature a tout prévu, et grace à sa prévoyance, le monde ne finira pas encore.

Enfants naturels.

Le nombre des enfants naturels s'est élevé, en 28 ans, à 101; ce qui ferait environ trois et demi par an. Il y en aurait eu environ un sur 45 naissances. Cette proportion est tout à l'avantage de la moralité de Givors. Je ne connais aucune statistique qui donne un résultat aussi favorable. Toutes prouvent que partout ailleurs le nombre des enfants illégitimes est plus considérable. En Allemagne, il est en général d'un sur cinq, six, sept et huit légitimes.

Je ferai remarquer que sur les 101 enfants naturels, il n'y en a que 57 de pères inconnus, les 44 autres ont été reconnus par les pères, dont plusieurs vivent, comme on dit, maritalement avec leurs prétendues femmes. Cette nuance d'enfants naturels mérite de fixer l'attention, parce qu'un père qui reconnaît l'enfant qu'il a eu d'une personne, annonce une sorte de moralité. De telle façon que nous pourrions presque ne regarder comme enfants naturels ou vrais bâtards que les 57 nés de pères inconnus. Ceux-là seuls sont le fruit de la débauche, au moins paternelle. Alors il y aurait eu seulement un enfant naturel sur 80 naissances.

En parcourant la colonne du tableau n° 1 relative aux enfants naturels, il est impossible d'en tirer aucune conséquence, ni même aucune probabilité, en faveur d'un accroissement annuel, en rapport avec l'augmentation de la population, et par conséquent, avec l'accroissement de l'immoralité et de la prétendue dépravation morale. Tous les siècles ont crié à l'immoralité croissante et à la pureté des mœurs de l'antiquité. Un jour viendra aussi que notre siècle sera cité pour un modèle de mœurs. Et dans le fait, je crois bien plus à la perfection morale qu'à la dépravation. Je suis convaincu que l'instruction, en nous transportant dans un monde plus intellectuel, nous dépouille de cette sensualité grossière qui ne connaît ni frein ni pudeur, et que les romantiques citadins nous peignent si voisine de la belle nature. Si mes occupations me le permettent, je m'occuperai de la statistique d'une commune voisine de Givors, qui est sous tous les rapports une habitation presque patriarchale. Les mœurs y sont aujourd'hui ce qu'elles étaient il y a deux cents ans. Il n'y a là ni commerce, ni établissement étranger; tout y est agriculture ; personne ne vient y apporter des mœurs ni des habitudes nouvelles. Le fils, élevé chez son père à cultiver son champ, le cultive comme lui, et transmet son savoir avec sa terre à ses descendants, sans leur apprendre rien de plus, ni rien de moins. Eh bien! dans cette paroisse remarquable, dont la population est tout au plus le tiers de celle de Givors, il y a au moins autant et plus d'enfants naturels. Croit-on que les mœurs y perdraient, si un peu plus d'instruction venait l'éclairer et la policer? Mais revenons à Givors. Quoi qu'il en soit de nos conjectures, nous voyons que dans les dernières années, les enfants naturels n'ont pas été en plus grand nombre; ce qui suppose une diminution dans leur nombre; relativement au nombre plus considérable des naissances. Peut-être objectera-t-on que le voisinage de Lyon et de son hospice des filles en couches dérobe une plus grande quantité de filles enceintes, et par conséquent, diminue d'autant le nombre des naissances d'enfants naturels. La chose est possible. Cependant, sans la nier, je ferai observer que cet asyle leur était ouvert, il y a trente ans, aussi bien qu'aujourd'hui, et que les relations de Givors avec Lyon sont toujours à peu près les mêmes. Je dirai aussi que dans les petites villes, tout le monde se connaît, tout le monde sait ce qui s'est passé, et qu'une grossesse illégitime y est devinée avant qu'elle ait paru. Dès lors, une fille n'aurait rien à gagner par son absence; au contraire, son retour serait bien plus mortifiant pour elle. Aussi je ne crois pas qu'il y ait beaucoup de ces victimes de l'amour, qui cherchent à se soustraire à la publicité, par ce moyen. Au reste, cela serait, nous n'y pourrions rien; et la naissance n'ayant pas eu lieu à Givors, nous ne devons pas l'y compter.

Jumeaux.

Disons un mot des jumeaux. Il y en a eu 88; ce qui ferait un jumeau sur un peu plus de 52 enfants; ou plutôt, ces 88 jumeaux étant le produit de 44 accouchements, cela réduit le nombre des accouchements à 4538, au lieu de 4582, nombre total des naissances. Alors nous trouvons un accouchement de jumeaux sur un peu plus de 103 accouchements, proportion qui s'éloigne de celles qui avaient été adoptées jusqu'ici, un de jumeaux sur 60 à 80 accouchements.

Rien ne prouve mieux que les accouchements sont indépendants de toute espèce de cause, que l'examen du tableau général et des tableaux particuliers des naissances. En effet, tous les mois présentent indistinctement quelquefois un ou deux accouchements de jumeaux, et souvent ces accouchements ont manqué, même dans les dernières années.

Cependant, en faisant l'addition de la première moitié des années que nous avons supputées, comparativement avec celles de la seconde moitié, on trouve une progression générale d'accroissement en nombre. Dans celle-ci, il y a eu 60 jumeaux ou 30 accouchements, tandis que dans la première, il n'y a que 28 jumeaux ou 14 accouchements. Au reste, il n'y a rien de bien exact ni de bien solidement établi, puisqu'à côté d'une année où sont nés dix jumeaux, il s'en trouve une où ils ont manqué. Ce n'est donc que sur la masse qu'on doit établir l'appréciation du nombre proportionnel des jumeaux, et non sur le relevé d'une année ou de quelques années seulement. Cette dernière méthode donnerait des résultats très différents et même contradictoires.

Sur les 44 accouchements de jumeaux, il y en a eu 12 de garçons, 13 de filles et 19 des deux sexes. Ainsi, ils ont fourni deux filles de plus; mais cette quantité ne peut pas être mise en ligne de compte : ce n'est qu'un accouchement de plus, et, comme nous l'avons vu, ces accouchements sont trop étrangers à toute espèce d'influence, pour mériter d'en faire mention. Au reste, c'est un bonheur qu'il n'y ait qu'un petit nombre de jumeaux. Les apparences d'accroissement plus rapide de population ne sont qu'illusoires. L'espèce humaine finirait bientôt, si ces accouchements se multipliaient : car, je dois le dire, quelques recherches entreprises sur la durée de leur existence m'ont prouvé que les sept huitièmes de ces enfants ont succombé dans les quinze premiers jours. Il n'en est donc resté qu'un huitième. Or, ce huitième représente un quart du nombre des accouchements, puisque huit enfants jumeaux proviennent de quatre accouchements. Heureusement la mortalité est loin d'être aussi désastreuse dans les premiers jours de la vie, ainsi que nous le verrons plus loin.

Ce qui mérite encore de fixer notre attention, c'est le plus grand nombre d'accouchements de jumeaux, qui ont produit à la fois un enfant de chaque sexe. Il y a eu en effet 19 de ces accouchements, sur 44 : ils en sont à peu près les trois septièmes. J'insiste sur ce point, parce qu'on a vu des auteurs aller jusqu'à rejeter par système la possibilité de ces sortes de grossesses des deux sexes. Pour nous, qui n'adoptons aucun système, nous consignons le fait, sans nous inquiéter qu'il puisse ou non contrarier les idées de tel ou tel auteur.

Je n'ai trouvé sur les registres aucune indication qu'il y eût eu de triples naissances; ce qui ne peut pas étonner, puisqu'il n'y en a qu'une semblable sur 6500 accouchements, et que nous n'en avons eu que 4538.

CHAPITRE II.

DES DÉCÈS.

J'ai suivi pour les décès un ordre analogue à celui des naissances. En faisant mon relevé jour par jour sur les registres, j'ai établi des tableaux annuels où les décès sont classés par mois. Dans la première colonne, est indiqué le nombre des décès de chaque mois; dans les deux suivantes, sont indiqués les sexes; et dans les suivantes, les âges, ou plutôt le nombre des morts arrivées à chaque âge de la vie. L'addition de chaque colonne nous a donné successivement pour chacune le nombre des décès en général, celui de chaque sexe, et celui de chaque âge.

Ces tableaux ne m'ayant servi qu'à composer les suivants, dans lesquels ils se trouvent répétés, je les ai supprimés comme inutiles. Comme il nous importe surtout de trouver d'abord la somme totale des décès, pendant les 28 années de nos recherches, et celle du sexe et de l'âge des personnes qui ont succombé, j'ai réuni la somme de chaque année par ordre de date, depuis 1803 jusqu'à 1830, et j'en ai fait l'addition, comme on peut le voir dans le tableau n° V.

Dans l'espace de 28 ans, il y a donc eu à Givors 3007 décès. Ce qui ferait 107 décès et un tiers pour chaque année, en supposant un ordre stable dans la population; mais il est impossible d'établir ce terme moyen, même avec de simples apparences de probabilité : car en jetant les yeux sur le tableau, on voit que dans les premières années, un bien petit nombre atteignent le chiffre 100, tandis que dans les dernières, elles le dépassent toutes, et même de beaucoup. Aussi, en partageant la série de 28 ans en deux parties égales, nous trouvons une différence bien grande dans les proportions. Les 14 premières années n'ont fourni que 1341 décès, et les 14 dernières en ont fourni 1666. De façon que dans la première série il y a eu 95 décès trois quarts par an, et 119 dans la seconde. Cette proportion n'est pas suivie mathématiquement, puisque dans chaque série, il y a des années qui ont été bien au dessous du terme moyen, et que d'autres l'ont dépassé de beaucoup. Au milieu de ces variétés dans les différences, il en est une qui est constante; c'est la différence en plus des dernières années. Or, cette différence ne peut pas tenir à des circonstances purement accidentelles : elle dépend d'un accroissement de population. Un plus grand nombre d'habitans doit fournir un plus grand nombre de décès. Nous pourrions faire ici ce que nous avons fait pour les naissances, chercher si ces deux accroissements sont dans une proportion bien exacte. Pour résoudre cette question, j'aurais dû prendre pour terme de comparaison, les 6 premières et les 6 dernières années; mais dans les 6 premières, il y a eu 599 décès, ce qui donne 99 par année; tandis que les 8 années suivantes n'ont fourni que 742 décès, ou 92 trois quarts par années. Cette circonstance mérite d'abord un examen attentif. En effet, elle peut faire supposer ou une diminution progressive de population pendant cette première époque de nos recherches, ou bien une mortalité plus grande. La population n'a pas cessé d'aller en augmentant, seulement son accroissement a été moins rapide que plus tard. La mortalité a donc été plus grande? Le fait existe. Quelle en a pu être la cause? En répondant à cette question pour cette période, nous l'étendrons à toute l'époque que nous avons embrassée. Est-ce la disette ou la mauvaise qualité des aliments? On ne peut guère soupçonner cette cause, parce que Givors, jouissant assez avantageusement des commodités de la vie, ne s'est jamais guère ressenti de son influence, et bien moins encore dans les six premières années que nous examinons, puisque de 1811 à 1813 la mortalité a été peu considérable, malgré la cherté des grains. Ce n'est qu'en 1817 et en 1825, que de mauvaises récoltes semblent s'accorder avec le plus grand nombre de décès de ces années. Cependant, la gelée des vignes, le 17 mai 1803, en nuisant à toute la récolte, a bien pu exercer une influence réelle sur la mortalité considérable de cette année-là, moins peut-être par la privation des aliments, que par son influence directe sur le corps humain ; car une anomalie aussi extraordinaire dans l'ordre des saisons n'a pas pu s'opérer sans agir puissamment sur l'économie animale, et en fatiguer les organes délicats. Mais cette seule année n'aurait pas suffi pour produire la différence qui existe ; les années suivantes y ont également coopéré ; de sorte que la mortalité a été réellement plus grande dans cet espace de temps. Outre l'influence des saisons, j'en trouve une cause plus positive peut-être dans certaines localités de cette époque. La rivière de Gier, dans une inondation extraordinaire, avait, dans plusieurs endroits avant son embouchure, creusé des fondrières énormes, où l'eau se trouva en stagnation, lorsque les chaleurs de l'été eurent mis à sec le lit de la rivière, et fait cesser toute circulation de l'eau. Il en résulta de vrais marécages, à l'insalubrité desquels les habitants ajoutèrent encore, en y faisant imprudemment rouir le chanvre. Aussi, pendant ces années, les étés furent presque tous signalés par une épidémie de fièvres graves, auxquelles succombèrent beaucoup de personnes. Peu à peu de nouvelles crues de la rivière amenèrent des graviers, du sable et de la terre dans les fondrières, et les comblèrent en partie. Les propriétaires des terrains sur lesquels elles s'étaient formées favorisèrent ces dépôts de la rivière par des plantations de peupliers, de saules et de vernes. La police municipale exigea, de son côté, que le chanvre ne fût mis en rouissage que dans l'eau courante, et surtout dans le Rhône. De cette manière, l'insalubrité disparut, et la mortalité diminua, quoique la population eût augmenté. Ainsi, pour mieux nous rendre raison de la proportion entre la population et les décès, nous prendrons le terme moyen des huit années consécutives pendant lesquelles Givors fut délivré d'une cause de mortalité dont il est essentiel de tenir compte. Comme alors Givors comptait près de 5000 habitans, nous dirons : *Si* 92 *sont le résultat de* 5000, *de quelle population proviendront* 119? et nous obtiendrons pour terme inconnu 6467, nombre qui exprime, à peu de chose près, la population actuelle de Givors.

Influence des saisons sur la mortalité.

Il ne nous suffit pas d'avoir essayé d'établir l'influence de quelques années ou de quelques localités sur le nombre des décès, il importe d'en mieux préciser la dépendance, sous le rapport surtout des saisons. Pour atteindre ce but, il a fallu réunir les décès de chaque mois, afin de les grouper plus facilement par saisons, et de voir quelles sont celles où la mortalité a été plus grande, et de là s'élever à la recherche des causes qui ont pu la déterminer. Le tableau n° VI nous fera connaître les époques où les décès ont été le plus nombreux.

Le terme moyen de la somme totale des décès serait 250 pour chaque mois. On voit que le plus grand nombre des mois se rapproche de ce chiffre; cinq mois seulement semblent s'en écarter le plus, trois en moins, et deux en plus. Les trois qui ont présenté le moins de décès, sont avril, juin et décembre; les deux qui en ont présenté un plus grand nombre, sont août et septembre. La différence mérite en effet de fixer notre attention : car elle est de plus d'un tiers. Mais ce qu'il importerait le plus de connaître, ce serait la cause de cette différence. Cette mortalité, moins grande dans certains mois, plus grande dans quelques autres, tient-elle à une influence réelle des saisons? ou bien n'est-elle que fortuite, le résultat du hasard? S'il nous est permis d'émettre notre pensée, nous le ferons avec cette réserve qu'on doit apporter dans les choses qui sortent du domaine des faits et des calculs mathématiques : nous la présenterons comme le résultat de conjectures plus ou moins probables. Ainsi, nous dirons :

La rigueur de l'hiver se fait principalement sentir en janvier. L'homme, comme tout le reste de la nature vivante, en ressent l'influence destructive, et malgré ses précautions, il éprouve une mortalité un peu plus grande. La saison, qui s'adoucit dans les mois de février et de mars, exerce une influence moins nuisible et diminue le nombre des décès. Dans le mois d'avril, la nature entière semble renaître, tout prend une nouvelle vie, une nouvelle vigueur; la mort arrête ou suspend ses coups : c'est le mois de la production et de la vie, et non de la destruction. Le mois de mai agirait de même sans les malheureux, dont la vie, menacée depuis long-temps, avait, dans les premiers beaux jours, suspendu sa marche vers sa fin. Dans le mois de juin, les pertes de l'hiver sont finies; les maladies qu'avait occasionées cette saison, ont été guéries ou mortelles; les chaleurs n'ont pas eu le temps d'exercer leur influence meurtrière sur notre frêle économie; la mort encore a suspendu ses ravages. En juillet, les chaleurs commencent à faire sentir leur influence pernicieuse, et la mortalité augmente. En août, cette influence prolongée est portée au plus haut degré; aussi la mortalité est-elle dans ce mois plus considérable que dans aucun autre. Quoique la mortalité diminue un peu en septembre, elle est encore sous cette influence destructive la plus grande des autres mois. Elle va en diminuant progressivement jusqu'au mois de décembre, parce que les fraîcheurs qui arrivent militent contre l'influence des chaleurs, et qu'elles ne sont pas encore assez grandes, pour exercer la leur d'une manière nuisible sur le corps. Aussi le mois de décembre ne présente qu'une mortalité minime, tandis que tout-à-coup le mois de janvier nous la montre portée à un degré très élevé. Il ne faut pas croire que ce que nous avons dit de la mortalité plus grande dans certains mois, ait été rigoureusement observé toutes les années. Non sans doute, et si nous avions la prétention de vouloir faire entendre cela, un simple coup d'œil sur le tableau viendrait nous démentir, puisque dans le mois d'août, mois le plus fatal, il n'y a eu que trois décès en 1814, et deux seulement en 1816, tandis qu'il y en a eu un bien plus grand nombre dans les autres mois. Ces différences sont excessivement multipliées et variées. Cela pourrait-il être autrement, lorsqu'on envisage combien les saisons sont elles-mêmes variées d'un instant à l'autre ? Aucune ne se ressemble. L'influence doit donc varier autant que la température et que les divers degrés d'humidité. Ainsi, comme nous l'avons déja fait remarquer bien des fois, on se tromperait beaucoup, si l'on voulait baser ses résultats sur un petit nombre d'années. Ce n'est que sur une grande masse qu'on peut agir convenablement et de manière à en tirer des corollaires sûrs et positifs. Voyez, en effet, ce qui nous arriverait, si nous avions eu seulement à notre disposition les huit années 1809, 1810, 1811, 1812, 1813, 1814, 1815 et 1816. Nous en aurions conclu que la mortalité du mois d'août était la moins grande, puisque dans ces huit années, il n'y a eu dans ce mois que 48 décès, et que les autres mois en ont présenté successivement, en commençant par janvier, 72, 69, 66, 52, 57, 52, 51, 64, 66, 73, 70. J'insiste trop peut-être sur ce point; mais on ne saurait trop inspirer de la réserve au sujet des relevés statistiques qui ne reposent que sur un petit nombre d'années. D'ailleurs on ne saurait trop tenir compte de l'influence du climat de Givors, si l'on veut surtout comparer ce travail aux résultats que d'autres auteurs ont obtenus dans d'autres pays. Qui ne sait en effet que l'été, qui est si meurtrier dans quelques contrées méridionales, est ordinairement la saison la plus salutaire dans le nord ? Par exemple, à Paris, le mois d'août est le mois où il y a le moins de décès. Les mêmes différences se font remarquer et pour les autres saisons, et pour les autres climats. L'exposition d'une peuplade, l'élévation de son sol, son voisinage des hautes montagnes ou des plaines fertiles ou stériles, et surtout l'influence des marais, méritent encore la plus grande attention : quand on veut évaluer comparativement le degré de salubrité d'un pays, il faut tenir compte de toutes ces circonstances de localité.

Il serait curieux sans doute de rechercher de quelle manière chaque saison agit sur l'économie, pour en causer plus ou moins facilement la maladie et la mort. Le fait est prouvé; mais le *comment* nous reste à établir. Ce serait là un beau sujet tout à la fois de médecine, d'hygiène et de philosophie. Songeons que c'est une statistique, et non un cours de sciences que nous avons entrepris. Ainsi, nous nous bornerons à quelques réflexions. En hiver, le froid agit, 1° par son impression nuisible sur le système nerveux qu'il engourdit, et par la réaction de ce système sur toute l'économie; 2° par la suppression ou la diminution de la transpiration, qui opère ainsi une sorte de refoulement des liquides de l'extérieur à l'intérieur et une concentration interne qui dispose aux fluxions. Au printemps, le retour du soleil dans notre hémisphère, produit sur notre corps une excitation générale, une sorte de fermentation sanguine, qui dispose beaucoup aux maladies inflammatoires, aux phlegmasies franches. En été, les grandes chaleurs déterminent une direction excentrique des fluides. La vie semble se porter davantage à la périphérie; les organes intérieurs languissent. Voilà pourquoi la digestion est plus difficile et souvent intervertie, d'où résultent les affections gastriques, intestinales et bilieuses ou hépatiques. L'influence des marécages se fait aussi sentir alors, et vient ajouter aux chances de santé, de maladie et de mort. Cependant cette dernière cause est plus spéciale en septembre et en octobre, époque où les détritus végétaux, en se putréfiant dans les eaux stagnantes, occasionent les effluves délétères qui s'en dégagent. L'hiver revient, et commence à resserrer les pores. Nous aurons plus loin l'occasion de revenir sur l'influence des saisons.

Mortalité des deux sexes.

La seconde et la troisième colonne du tableau général des décès (nº V), contiennent séparément le nombre annuel des personnes de chaque sexe, qui sont décédées. La première de ces deux colonnes est remplie par les décès du sexe masculin; et la seconde, par les décès du sexe féminin. Au bas de chacune, on voit la somme entière ou le nombre total des décès de chaque sexe. Ainsi, il est mort 1522 personnes du sexe masculin, et 1485 du sexe féminin. Il n'y a donc que 37 décès de différence; c'est-à-dire, qu'il est mort 40 personnes du sexe féminin, tandis qu'il en mourait 41 du sexe masculin. Cette différence, quoique peu considérable, existe, et nous la constatons, parce que nous y reviendrons. Si nous avions voulu prendre chaque année isolément, nous aurions obtenu presque autant de termes de différence qu'il y a d'années. Nous trouverions même souvent le chiffre de la colonne du sexe féminin bien supérieur à celui qui correspond à la même année, dans la colonne du sexe masculin. Cette différence va quelquefois jusqu'au quart ou au tiers, comme dans les années 1817, 1820, 1821 : nouvelle preuve que, pour avoir des résultats statistiques un peu positifs, il faut agir sur un grand nombre d'années; car si nous eussions relevé seulement les années 1816, 1817, 1818, 1819, 1820, 1821, 1822, 1823 et 1824, ce qui comprend une série de neuf ans, nous aurions eu un total de 462 décès du sexe masculin et 525 décès du sexe féminin; par conséquent, il est mort dans ces neuf années 63 filles de plus que des garçons, ou presque huit filles pour sept garçons; puis dans un groupe de quelques années, nous trouverions des différences immenses en sens inverse, c'est-à-dire, que le nombre des décès du sexe masculin l'emporterait de beaucoup sur le nombre des décès du sexe féminin. Ainsi, concluons toujours que nous avons une somme d'années assez imposante pour être sûrs d'avoir obtenu le terme moyen général le plus approximatif possible.

Essayons maintenant de trouver si les mois ou les saisons ont eu quelque influence sur la plus grande mortalité d'un sexe. Pour cela, réunissons tous les décès de chaque sexe, arrivés successivement dans chaque mois, nous établirons ensuite la comparaison. Les deux tableaux VII et VIII nous conduiront à notre but.

Quoique cette recherche ne paraisse pas devoir conduire à des résultats bien importants, parce qu'il est naturel que les circonstances météorologiques de chaque mois agissent aussi bien sur un sexe que sur l'autre, et parce que la nature les a doués l'un et l'autre d'une force vitale de résistance capable de les prémunir également contre leur influence destructive; cependant la mort a frappé un plus grand nombre de personnes du sexe féminin, dans les mois d'avril, août, septembre, novembre et décembre. Peut-on en trouver la cause dans l'influence plus grande qu'aurait exercée sur ce sexe débile l'action météorologique indiquée plus haut? La chose est possible, mais non démontrée, puisque le mois de janvier a vu succomber un plus grand nombre de garçons, et que les mois dans lesquels la mortalité du sexe féminin a été plus grande, n'ont pas présenté cette supériorité bien régulièrement distribuée. En effet, dans plusieurs années, il est mort pendant ces mois un plus grand nombre de garçons. Ce plus grand nombre de décès du sexe féminin ne peut donc être qu'un effet du hasard, qu'une circonstance purement fortuite. Au reste, pour arriver à des données positives sur ce point, il faudrait savoir à quelle maladie a succombé chaque personne. Alors on comparerait les décès produits par les seules affections dues à la constitution atmosphérique, et l'on verrait sur quel sexe elles ont eu plus de prise. Ce n'est que de cette manière qu'on pourrait obtenir des conclusions satisfaisantes. Au surplus, la différence est bien peu de chose, si l'on envisage le grand nombre d'années entre lesquelles elle doit être répartie. Elle ne donne pas même un décès de plus par année, dans le mois où elle a été la plus grande, dans le mois d'août; puisque dans ces mois, il y a eu 183 décès du sexe féminin et 164 du sexe masculin; différence 19, qui sont le produit de 28 années.

Mortalité proportionnelle des enfants et des âges suivants.

La quatrième colonne du tableau général (nº V) contient le nombre des décès des enfants âgés d'un an et au dessous. Dans toute la longueur de cette colonne, le chiffre est supérieur au chiffre de toutes les suivantes, excepté en 1803. Il est donc mort un plus grand nombre de petits enfants que de personnes de tout autre âge plus avancé, quoique l'espace de la durée de la vie ne soit que d'un an pour les premiers, et de cinq à dix pour les autres. Aussi nous trouvons que, dans les 28 ans, il est mort 791 enfants d'un an et au dessous, proportion énorme, puisqu'elle est plus du quart des décès. Si nous y joignons la somme de la cinquième colonne, qui comprend les enfants âgés d'un à trois ans, nous trouvons pour les trois premières années de la vie, 1218 décès, ou un peu plus des deux cinquièmes des décès. Passé cet âge, le nombre des décès diminue tout-à-coup prodigieusement, puisque dans la colonne suivante, qui renferme les décès des enfants de 3 à 7 ans, ce qui embrasse 4 années de la vie, il n'y a eu pour ce nombre double d'années, que 199 décès, qui ne sont pas même la sixième partie des décès précédents. Dans la septième colonne, se trouvent les décès des enfants âgés de 7 à 15 ans; elle comprend 8 ans, le double de temps de la précédente, et cependant son chiffre ne s'élève qu'à 135, ou les deux tiers de cette dernière. Nous voyons le nombre des décès diminuer encore dans la huitième colonne, puisqu'il n'y a que 90 décès; mais il faut observer que cette colonne ne comprend qu'un espace de cinq années, ou les jeunes gens morts de 15 à 20 ans; ce qui fait 5 ans de moins, et ce qui, toute proportion gardée, rend le nombre des décès même un peu supérieur; car, en diminuant le chiffre 135 de trois huitièmes qu'il représente de plus, il restera de 88 à 89. Ainsi, la mortalité a été, entre 15 et 20 ans, à peu près la même qu'entre 7 et 15. Les décès de 20 à 30 ans occupent la neuvième colonne; il y en a eu 159. Ils paraissent plus nombreux, parce qu'ils sont le résultat de 10 ans, ou le double de temps de ceux de la huitième colonne. Ainsi, la mortalité reste à peu près stationnaire. Il y a 21 décès de plus, il est vrai; mais en tenant compte de la diminution de la population, par les 90 décès des cinq années précédentes de la vie, on verra que la différence n'est peut-être qu'illusoire. Dans les 10 années suivantes, il y a eu 156 décès, trois seulement de plus, ce qui commence à rompre l'état stationnaire des décès; car, en tenant compte des 159 décès des dix années antérieures, la diminution aurait dû être plus grande. La mortalité augmente tout-à-coup dans la colonne onzième, chez les personnes de 40 à 50 ans, puisqu'il est mort 189 personnes de cet âge, et qu'il n'en était mort que 156 de 30 à 40 ans. De 50 à 60 ans, la mortalité est portée rapidement à un plus haut degré encore, puisque dans cet espace de la vie, il est mort 246 personnes. De 60 à 70 ans, âge qui compose la colonne suivante, il y a eu 245 décès, progression réelle d'accroissement, puisqu'il n'y en a qu'un de moins, et que le nombre aurait dû être bien inférieur.

Enfin, de 70 à 80 ans, il y a eu 255 décès, nombre prodigieux, si l'on a égard à ce que les années précédentes avaient englouti de population, en supposant qu'aucune naissance ne fût venue réparer les pertes de la mortalité. J'ai réuni dans la dernière colonne, les décès de toutes les personnes âgées de plus de 80 ans. Il y en a eu 115. Ce nombre est petit, sans doute; cependant, il ne laisse pas d'être encore un peu consolant; car, il est la vingt-sixième partie de la somme totale des décès. De sorte qu'à Givors, sur 26 personnes, il y en a une qui a atteint au moins sa quatre-vingt-unième année. Un grand nombre l'a dépassée de beaucoup, ainsi que nous le verrons plus loin.

En nous résumant, nous voyons que la plus grande mortalité a été dans le premier âge de la vie. Et cela pouvait-il être autrement? Né faible, et exposé à toutes les causes de maladies qui l'assiégent, l'enfant ne peut opposer qu'une faible résistance, et bien souvent il succombe dans cette lutte perpétuelle qu'il a à soutenir. A mesure que ses organes se fortifient, la destruction a moins de prise sur lui; aussi, la mortalité diminue-t-elle jusqu'à l'âge de 30 ans. Cette époque passée, nous la voyons augmenter de nouveau. Cependant, ce n'est qu'après 50 ans, âge du retour, comme on dit, époque critique où les forces diminuent réellement, que cette augmentation est rapide. L'espèce humaine semble alors avoir rempli sa carrière. Le but de la nature a été atteint : la reproduction est consommée; l'appareil génital cesse ses fonctions dans un sexe, et il ne les exerce presque plus que par réminiscence dans l'autre. Dès ce moment, l'homme s'achemine chaque jour au terme de sa vie. Chaque jour, il devient plus faible, moins agile, moins actif; ses sens s'émoussent, et cessent en partie leurs fonctions. Le plus souvent, c'est une destruction partielle pour l'individu qui fournit une longue carrière. Alors évidemment le corps résiste avec moins d'énergie aux causes de destruction et de maladie, au milieu desquelles il est condamné à vivre. Le terme ordinaire et naturel de la vie semble fixé entre 70 et 80 ans, puisque c'est à cet âge qu'a succombé le bien plus grand nombre des vieillards. Je dis des vieillards, parce que nous avons vu que c'est dans la première enfance, que la mort a moissonné le plus abondamment; ce qui viendrait démentir notre assertion, si nous voulions la rendre trop générale.

Influence des saisons sur la mortalité de l'enfance.

Comme la mortalité a été beaucoup plus considérable chez les enfants nouveau-nés, et pendant la première année de la vie qu'à tout autre âge, j'ai pensé qu'il ne serait pas sans intérêt de rechercher jusqu'à quel point les saisons auraient eu quelque influence sur cette époque de la vie. Elles en ont exercé une, sans doute : la pratique médicale le démontre tous les jours au médecin observateur. Pour nous en convaincre, nous allons, dans le tableau nº IX, examiner quels sont les mois pendant lesquels les enfants sont morts en plus grand nombre.

Ce tableau nous montre l'été comme la saison la plus falale aux enfants. En effet, dans les trois mois de juillet, août et septembre, il y a eu 301 décès, qui font presque les deux cinquièmes de la totalité des enfants décédés ; et de ces trois mois, août est celui qui a vu ou causé le plus de morts ; il y en a un sixième pour lui seul. Les mois où il y a eu le moins de décès, sont les mois de février, avril, octobre, novembre et décembre. En général, la mortalité a été moins grande dans les saisons tempérées, et c'est pendant les chaleurs de l'été, qu'elle a exercé ses plus grands ravages. Cette différence est trop grande et trop soutenue, pour ne pas l'attribuer à une influence quelconque de la saison. Il semble d'abord que cette léthalité de l'été soit un contre-sens au raisonnement que nous faisions plus haut sur la faiblesse de l'enfance. En effet, l'enfant a besoin de chaleur; le froid est son ennemi le plus mortel. Comment se fait-il donc que ce soit pendant les chaleurs que la mort le frappe sans merci, beaucoup plus que dans les autres saisons, et surtout qu'en hiver? Ce raisonnement spécieux est en outre conforme aux résultats qu'ont obtenus, dans ces derniers temps, plusieurs médecins distingués, et entre autres, le savant et modeste docteur Villermé, qui ont prouvé l'influence pernicieuse de l'hiver ou du froid sur la vie de la première enfance. Lors même que cette question embarrassante ne pourrait pas se résoudre, elle n'en serait pas moins un fait pour Givors, et je ne pense pas que ce soit à Givors seulement qu'on observe cette disposition de mortalité. Cependant, essayons d'en chercher la cause. En hiver, la mortalité n'a pas été sensiblement plus grande que dans les autres saisons; sept décès de plus que dans le printemps, différence bien faible auprès de ce qu'elle a été trouvée dans d'autres localités. Nous l'avons dit, le froid est dans cette saison une cause puissante de maladie et de mort, on peut dire qu'il décime la population. A Givors il n'est pas moins vif qu'ailleurs, mais les moyens de s'en garantir y sont très communs : les maisons y sont en général bâties en chaux, par conséquent elles donnent un accès moins facile au froid; elles ont toutes des greniers qui rendent moins froides les chambres à coucher que l'on habite; les rez-de-chaussée ne sont que des selliers, des magasins ou des ateliers; on loge aux premiers étages et surtout on y couche. On évite ainsi l'influence de l'humidité qui peut régner dans les bas. Disons encore que les verreries fournissent abondamment les vitres qui, tout en laissant pénétrer la clarté, s'opposent à l'introduction du froid bien mieux que les châssis huilés de la plupart des pays. Outre ces moyens déja favorables à la santé, Givors possède des ressources bien plus précieuses encore pour corriger l'influence du froid, c'est l'abondance de toute sorte de combustibles. Des bois considérables de chênes, de pins et de châtaigniers entourent cette cité et ses environs. Le voisinage de Rive-de-Gier permet d'amener par le canal ou par le chemin de fer d'immenses provisions de charbon et à un prix modéré. De plus, pour la classe ouvrière, et surtout pour les ouvriers de la verrerie, le chauffage ne coûte rien, ils ont leur tour à recueillir ce qu'on appelle *le grésillon*, charbon brûlé, espèce de *cok* plus déphlogistiquée encore par sa combustion dans les fourneaux de verrerie. Le chauffage y est donc commun; il y détruit ou du moins combat les effets du froid. Chacun a un bon feu chez soi; tandis que j'ai vu dans des villages, même aux environs de Paris, ce que j'avais pris pour une fiction poétique de Thompson; j'ai vu, dis-je, des familles nombreuses faire à peine un peu de feu pour cuire les aliments, et se réunir ensuite dans les étables pour se réchauffer par le nombre et par la chaleur des bestiaux. On juge combien dans ces pays on doit éprouver d'effets nuisibles du froid, lorsque plus ou moins avant dans la nuit, on quitte ces espèces de tanières étouffées pour aller se coucher dans une chambre glacée. Le travail a introduit l'aisance à Givors, et l'on ne s'y refuse aucun des vêtements propres à garantir du froid et de l'humidité.

Il n'est donc pas étonnant que l'hiver y soit moins fatal à la première enfance, puisqu'on a tant de moyens de la prémunir contre la cause de léthalité de cette époque.

Dans les chaleurs de l'été, il n'en est pas de même : tout le monde en éprouve les effets ; c'est une condition obligée qu'il faut subir. Nous avons déja fait connaître la manière dont les chaleurs agissent sur l'économie pour déranger les fonctions digestives et occasioner la diarrhée et la dysenterie, maladies si funestes aux enfants, à cette époque surtout où la cause occasionelle ne cesse pas d'agir et entretient ou augmente le mal. On sait combien la dentition est à redouter pendant les grandes chaleurs presque toujours cette éruption produit une excitation qui se prolonge sur l'estomac et sur les intestins et qui se manifeste par des vomissements ou par la diarrhée. Lorsque les deux causes de la même maladie sont réunies, l'effet doit être plus intense et plus grave; et l'expérience n'a que trop justifié les craintes des familles. Je le dis avec conviction, la diarrhée et la dysenterie font succomber un plus grand nombre d'enfants qu'aucune autre maladie : elles sont le véritable fléau de l'espèce humaine à son berceau.

Cette influence qu'exercent les saisons sur la mortalité de l'enfance est plus grande qu'elle ne le paraît. Beaucoup d'enfants sont morts en naissant. Je le dis hardiment, il en est mort ainsi au moins un huitième, cependant ils ont compté pour les décès, ils ont fait nombre dans chaque mois. Si l'on supprimait ce huitième ainsi réparti, le nombre proportionnel des décès de l'été serait encore plus considérable, parce qu'en été il ne naît pas un plus grand nombre d'enfants qu'en hiver, au contraire, il ne peut par conséquent pas périr un plus grand nombre d'enfants en naissant. Or, ceux qui meurent ainsi n'ont pas subi l'influence de la saison.

En réunissant les décès des enfants morts jusqu'à l'âge de trois ans, nous en trouvons 1218, nombre énorme, puisqu'il représente plus des deux cinquièmes de la totalité des décès. Lorsqu'on envisage cette prodigieuse mortalité dans le premier âge de la vie, on est effrayé d'une cause de dépopulation aussi rapide. Mais qu'on se rassure, la nature a pris soin d'y suppléer en proportionnant le nombre des naissances au nombre des décès : sa fécondité inépuisable semble, dans sa prévoyance, avoir calculé toutes les chances de destruction; elle ne produit un plus grand nombre d'enfants que pour assouvir en quelque sorte la faulx dévorante de la mort. En considérant cette fécondité exubérante, on s'effraierait même bientôt, parce que l'espèce humaine, rapidement trop resserrée sur la surface de notre terre, serait obligée de se dévorer elle-même pour y trouver sa subsistance. Tout a été calculé, tout est balancé par cette Puissance suprême qui règle les destinées et gouverne l'univers. Mais ce n'est pas seulement dans l'espèce humaine que se remarque cette fécondité superflue, elle s'offre partout à l'œil de l'observateur. Combien d'animaux naissent pour un qui grandit! combien de semences sont perdues et combien peu sont appelées à reproduire! combien de jeunes plantes et de jeunes arbres sont arrachés ou étouffés à leur naissance ou avant d'arriver à leur maturité! et cependant les espèces ne se perdent pas, elles se multiplient toujours. Ce n'est que l'exubérance qui est détruite, et qui sans cela ne laisserait bientôt plus sur le globe un seul point où un être vivant pût se remuer. Vous voilà, me dira-t-on, justement arrivé au point de conclure avec le docteur Pangloss que *tout est pour le mieux dans le meilleur des mondes possibles.* Plaisanterie à part, cette philosophie a bien son côté favorable.

Longévité.

Il ne nous suffit pas de savoir que 115 individus ont vécu jusqu'à 81 ans et au delà, il m'a paru important et utile de rechercher combien il y a eu de vieillards qui ónt atteint un âge déterminé. J'ai pensé que l'intérêt serait plus grand en établissant une comparaison entre les vieillards de sexe différent, afin de savoir lequel en a fourni un plus grand nombre, par conséquent lequel est le plus susceptible d'arriver à la vieillesse la plus avancée. Car si la femme renferme dans la délicatesse et dans la faiblesse de son organisation une disposition plus grande aux maladies, si des fonctions importantes et dangereuses à la fois compromettent sa santé et sa vie, cela est bien racheté chez l'homme par les dangers sans cesse renaissants auxquels l'exposent son genre de vie extérieur et les guerres désastreuses. Il y a compensation : l'équilibre est rétabli. Pour obtenir ce résultat j'ai fait le relevé des vieillards de chaque sexe, je les ai classés par rang d'âge; j'ai fait commencer la vieillesse à 61 ans et je ne lui ai assigné aucun terme, c'est la nature qui l'a placé. Le tableau n° X nous présente d'abord le nombre des vieillards qui sont morts dans l'une des années comprises dans cette indication de vieillesse, et dans les deux colonnes suivantes le nombre des décès de chaque sexe.

Il est donc mort 615 vieillards. C'est plus du cinquième de la somme totale des décès, proportion consolante, puisque nous avons vu plus haut l'enfance fournir seule deux cinquièmes. De façon que sur les trois cinquièmes qui restaient pour les différents âges au dessus de trois ans, deux cinquièmes seulement ont été fournis par les âges intermédiaires entre 3 et 61 ans, ce qui comprend un espace de 58 ans. Après la première enfance il y a donc eu un peu plus du tiers des personnes vivantes qui ont atteint la vieillesse. Depuis l'âge de 61 ans jusqu'à 80, la mortalité a été presque uniforme. Souvent un âge contient un grand nombre de décès, le suivant en contient beaucoup moins, et le suivant en a un plus grand nombre. De façon qu'il serait impossible d'établir sur ces différences fortuites le degré de mortalité de chacun de ces âges. En effet, en les groupant en deux séries de dix années chacune, nous voyons que la première période, qui comprend l'âge de 61 à 71 ans, n'a fourni que 244 décès, tandis que la seconde, qui comprend les dix années suivantes en a fourni 255. Ce sont non seulement onze décès de plus ; mais il faut tenir compte des 244 décès précédents qui ont diminué d'autant le nombre des vieillards, et qui en conséquence auraient dû rendre le nombre proportionnel des décès moins considérable. Après 80 ans la mortalité diminue, cependant ce n'est qu'après 86 ans qu'elle diminue rapidement. La somme des décès de 81 ans à 90 est de 101, sur lequel nombre les cinq premières années en ont fourni 79, et les quatre dernières seulement 22, ce qui donne un peu plus de dix décès par année pour la première série, et seulement cinq et demi par année pour la seconde. Si aux 101 décès qui ont eu lieu de 81 à 90 ans, nous ajoutons les quinze qui sont postérieurs, nous trouvons que 116 vieillards sont arrivés à la vieillesse la plus avancée; et si nous plaçons la décrépitude à 90 ans, 21 ont atteint cet âge extrême de la vie. La diminution va toujours croissant, car de 91 à 92 ans il y a eu huit décès, et de 93 à 97 inclusivement, il n'y en a eu que sept. Cependant, jusqu'à cette période la plus avancée, chaque âge a fourni un plus ou moins grand nombre de décès. Il n'y a pas eu de centenaire; mais plusieurs s'en sont approchés, puisqu'il y a eu deux décès de 95 ans, un de 96 et un de 97.

Sur le nombre total des décès des vieillards il y a eu 299 hommes et 316 femmes; 17 femmes de plus. Quoique cette différence soit peu considérable, elle mérite d'être notée, puisque nous avons vu plus haut que dans le nombre général des décès il y avait plus d'hommes que de femmes, de sorte que la différence en nombre des décès avant la vieillesse ne porte plus sur le nombre total et également distribué. La répartition n'est plus égale et proportionnelle. Cette circonstance nous fera conclure que dans l'enfance et dans l'âge de maturité il est mort un nombre proportionnel d'individus du sexe masculin bien supérieur à celui que nous avions primitivement trouvé, puisqu'au lieu de 37 décès d'hommes de plus, il y en aura 54, et qu'en faisant la déduction des vieillards que nous ne comptons plus, cette différence ne portera que sur 2392 décès au lieu de 3007. Enfin, pour résultat définitif, on verra que dans cette longue et première période de la vie il est mort 18 individus du sexe féminin sur 19 du sexe masculin; au lieu que dans la proportion générale c'était 40 sur 41. Dans la vieillesse au contraire, il y a eu 38 décès du sexe féminin sur 37 du sexe masculin. Les femmes sont donc parvenues en plus grand nombre à un âge plus avancé: et si nous examinons cette différence dans le dernier stade de la vieillesse, à 90 ans et au delà, nous la trouvons bien plus grande, puisqu'il est mort 14 femmes et seulement 7 hommes, proportion de 2 contre 1, ou le double. On pourrait donc conclure que les femmes sont plus susceptibles de parvenir à un âge plus avancé, une fois qu'elles ont franchi les époques de la vie les plus orageuses pour elles. On ne peut pas trop établir qu'elles arrivent à un âge plus avancé, car si l'une a atteint ses 97 ans et l'autre ses 96, deux hommes sont arrivés à 95 ans. Ces résultats ne sont pas particuliers à Givors; ils sont les mêmes dans tous les pays où l'on s'est occupé de la statistique de mortalité et de recherches sur la longévité. On peut consulter là-dessus le tableau de la mortalité en France par M. Duvillard.

Il importe de faire remarquer que l'âge de 70 ans et celui de 80 présentent un nombre de décès exorbitant. Ils sont enregistrés ainsi, j'ai dû les recueillir tels; mais je ne crois pas que cette proportion soit exacte. En effet, beaucoup de vieillards cachent leur âge ou ne le savent même pas, et lorsqu'ils meurent on ne peut que le donner approximativement. Serait-il probable que bien plus du quart des vieillards eussent fini leur carrière juste à ces deux âges? il y aurait une fatalité qui leur serait attachée et qui n'est pas présumable. Il est à penser que dans l'à-peu-près donné de l'âge, on a réuni à 70 et à 80 ans beaucoup d'individus qui n'en avaient que 69 ou 79, et d'autres qui en avaient 71 ou 81. Cela est d'autant plus probable qu'on voit un nombre bien moins considérable de décès notés dans ces quatre âges. Ce sont les femmes qui sont inscrites en bien plus grand nombre sous cet âge : il y en a 22 de plus que d'hommes, et cependant la différence totale n'a été que de 17. Je n'ose pas approfondir la cause de cette singularité, je craindrais de la trouver dans cette coquetterie qui porte le beau sexe à ne jamais bien faire connaître son âge. S'il en était ainsi nous pourrions penser qu'une partie des femmes qui forment l'excédant auraient dépassé de plus ou moins d'années les 80 ans, ce qui ajouterait au degré de longévité déja plus grand de ce sexe.

Malgré les rapports que nous avons dit exister dans les résultats qui ont été obtenus sur la longévité dans les différents pays, il y a quelques différences qui sont dues à des circonstances fortuites de localité. A Londres, par exemple, sur mille, un seul individu arrive à 90 ans ; à Paris, en 1816, sur 19124 décès, il ne s'en est trouvé que 61 d'individus qui avaient atteint et passé l'âge de 90 ans : ce qui ferait trois par mille, tandis que Givors en aurait eu sept.

Terme moyen de la vie.

Pour compléter ce que nous avons à dire sur les décès, il ne nous reste plus qu'à chercher quel a été le terme moyen de la vie à Givors pendant les 28 ans de nos recherches. Ce travail, plus long et plus ennuyeux que difficile, nous l'avons fait. J'ai recueilli le nombre des individus qui sont décédés à chaque âge de la vie, j'en ai formé un tableau ; multipliant ensuite chaque âge par le nombre des individus qui l'avaient atteint, j'ai obtenu le nombre des années qu'on avait vécu à chacun de ces âges. L'addition de toutes ces sommes a donné le nombre total des années qu'ont vécu les 3007 personnes décédées. Enfin, en divisant ce nombre total par le chiffre 3007, le quotient a fourni le terme moyen de la vie de Givors pendant 28 ans. J'ai réuni dans le tableau n° XI le résultat de toutes ces opérations: la première colonne indique l'âge ; la seconde, le nombre des individus qui sont parvenus à cet âge ; et la troisième, le nombre des années qu'ils ont vécu. Au bas de chaque colonne se trouve l'addition.

Ce tableau a la plus grande analogie avec celui qui fut fait en 1785 pour établir la loi de mortalité en Suède et en Finlande.

Ainsi les 3007 individus décédés en 28 ans ont

vécu 83629 années, dont la division donne pour quotient ou terme moyen 27, 81. Le terme moyen de la vie à Givors a donc été de 27 ans 81 centièmes; il est à peu près le même que celui qui a été généralement observé en France, il n'y a que 9 centièmes de différence, puisqu'il est de 28 ans selon quelques auteurs; d'autres cependant ne l'élèvent qu'à 20 ou 21 ans. Il ne faut pas le comparer avec celui des grandes villes : on serait effrayé de la différence, puisqu'à Berlin ce terme moyen est abaissé à 2 ans, et à Vienne en Autriche à 2 ans et demi; c'est en Suisse qu'il paraît le plus élevé, puisqu'il est à 41 ans.

Les décès des enfants âgés d'un an et au dessous et jusqu'à trois ans, donnent des proportions différentes de celles des autres âges, puisque pour les premiers il n'y a que 369 années pour 791 décès, ce qui ne fait pas la moitié, et que pour les seconds le nombre d'années 849 n'est pas même le double du nombre de décès 427. Voici la raison de cette différence : A ces deux âges de la vie les registres ont indiqué non seulement le nombre d'années qu'ont vécu les enfants, mais le nombre de mois et même le nombre de jours. C'est donc par mois et par jour que j'ai dû compter leurs années, afin d'être plus exact.

Nous retrouvons sur le tableau, en détail pour chaque âge, ce que nous avions trouvé pour un groupe plus considérable d'années. Ainsi, quant aux différences qui sont un peu remarquables dans certains âges soit en plus soit en moins, il ne faut les attribuer qu'au hasard : elles sont fortuites. Ce serait une absurdité bien grande que de croire par exemple qu'il y aurait un privilége attaché aux âges de 31, 39 et 54 ans, parce que le chiffre des décès de ces âges est moins élevé que les autres. Le préjugé ne serait pas moins grand d'attacher une idée de fatalité aux époques de 40, 50 et 60 ans, parce que le nombre des décès paraît avoir été plus considérable dans ces années. Non seulement c'est un effet du hasard, mais je reproduirai ici la réflexion que m'a déja suggérée le grand nombre des décès arrivés à 70 et à 80 ans; c'est que bien souvent l'âge des personnes décédées n'est pas bien connu, et l'on inscrit plus volontiers un de ces âges qui semblent une période plus complète. Aussi je n'en doute nullement, parmi les décédés à 40, 50 et 60 ans, il s'en trouve beaucoup qui avaient vécu un ou deux ans de moins, et beaucoup aussi qui en avaient vécu un ou deux de plus; ce qui rétablit l'équilibre. Au reste, j'ai relevé les registres et il eût été impossible de les réformer.

Suicides.

Je n'ai pas cru devoir parler des suicides, parce que leur petit nombre n'a pu avoir qu'une bien faible influence sur le nombre total des décès. En effet, six suicides seulement ont eu lieu. Des six, trois ont été produits par submersion dans le Rhône, de sorte que, leur cadavre étant entraîné plus loin, leur décès ne compte pas sur les registres de Givors. Les trois autres ont été produits, l'un par une arme à feu, les deux autres par strangulation. En les comptant tous six pour Givors, il y en a donc eu 1 pour 501 décès ou 1 pour 1002, si nous ne comptons que les 3 qui ont été portés sur les registres.

Le plus jeune avait 40 ans, et le plus âgé en avait 71. Je note le fait : quoiqu'on ne puisse rien conclure sur un nombre aussi peu considérable, il peut concourir à ajouter aux éclaircissements sur l'âge qui dispose le plus au suicide.

Une seule femme s'est donné la mort. Ainsi il y en aurait une sur six ou un sixième. Les femmes tiendraient donc plus à la vie, ou plutôt elles sauraient donc mieux en supporter les misères et prendre plus sagement leur parti dans les événements pénibles qui viennent les accabler; ou bien enfin cela ne tiendrait-il qu'à la différence immense qu'il y a entre les deux organisations, entre les deux caractères de l'homme et de la femme ?

CHAPITRE III.

DES MARIAGES.

Le relevé des mariages est plus simple que celui des naissances et des décès. Il ne pouvait présenter aucune nuance de sexe, d'âge ou de légitimité. De façon que tout s'est réduit à prendre jour par jour, mois par mois et année, par année le nombre des riages. Cependant il n'eût pas été sans intérêt de connaître l'âge des époux, afin de le comparer, s'il eût été possible, avec le nombre des enfants que chaque mariage aurait produits ; mais la chose n'a pas pu se faire, 1° parce que le plus souvent l'âge n'est pas indiqué sur les registres; 2° parce qu'il eût été plus impossible encore de savoir le nombre d'enfants que chacun aurait donné. Je n'ai pas pu savoir davantage si le mariage a été contracté entre veufs. Ainsi il a fallu me borner à recueillir simplement le nombre des mariages, dont je supprime les tableaux comme inutiles, ainsi que je l'ai fait pour les naissances et les décès, et je passe de suite au tableau général, qui, en réunissant le nombre des mariages de chaque année, nous en donne la somme totale (voyez le n° XII).

Ainsi en 28 ans il s'est contracté 1037 mariages, ce qui ferait 37 pour chaque année, les unes dans les autres. Comme on le pense et comme on le voit, ce terme moyen ne se trouve pas dans le fait. Il y a des années où il s'est fait un plus grand nombre de mariages, et d'autres où il s'en est fait un moins grand nombre. Souvent à côté du chiffre très élevé d'une année se trouve le chiffre bien inférieur d'une autre année. Cependant il existe une différence remarquable entre les premières années du tableau et les dernières. Dans les premières années le nombre est inférieur. Les quatorze premières ont fourni 485 mariages, et les quatorze dernières 552; différence, 67. Le terme moyen des premières années est de 34 et trois cinquièmes, et celui des dernières est de 39 et demi : différence notable et soutenue, et qui ne peut être expliquée que par l'accroissement de la population, qui, ainsi que nous le savons, a augmenté de près d'un tiers, de sorte que la progression des mariages ne serait pas même en rapport avec celle de la population. Il faut encore faire attention que nous avons réuni quatorze années consécutives ; ce qui fait la moitié de l'espace de temps dont nous avons recueilli les mariages, et qu'à la fin de ces 14 années la population n'était déja plus la même qu'au commencement. Aussi en les partageant encore, les sept premières de la première période ont fourni 216 mariages, et les sept dernières, 269; différence, 45, que les dernières années ont fourni de plus.

Cette progression se remarque également dans la seconde période, puisque les sept premières années ont fourni 250 mariages et les sept dernières 302, différence 52. Je ferai observer que le nombre des mariages des sept dernières années de la première série a été supérieur au nombre des sept premières années de la seconde série. Il s'est fait 19 mariages de plus; ce qui paraît intervertir l'ordre progressif que nous voulions établir. Cette remarque viendrait encore fortifier l'opinion que nous avons souvent émise que ce n'est pas sur un nombre trop limité d'années qu'on peut se fonder pour établir une statistique fidèle; cependant cette différence est occasionée par le chiffre 83 exprimant les mariages qui ont été conclu en 1813. Les dernières années de l'époque de la plus grande population n'en ont jamais présenté plus de 50. Ce nombre prodigieux de mariages en 1813 n'a pas été dans les proportions ordinaires et naturelles; il a été le résultat d'une circonstance que je ferai bientôt connaître.

En parcourant des yeux le tableau, au milieu de la différence progressive et toujours croissante, on voit, en supputant un certain nombre d'années à la fois, qu'il existe des différences nombreuses entre les différentes années prises isolément. Ainsi, en 1807 il n'y a eu que 18 mariages, tandis que les deux années précédentes il y en a eu 35 et 36, et les deux suivantes 37 et 39. En 1812 il y a eu 40 mariages, 83 en 1813, et seulement 10 en 1814. En général il y a une espèce de compensation dans ces différences; il s'est fait peu de mariages une année, il s'en est fait davantage l'année suivante ou l'année précédente; de façon qu'on pourrait à la rigueur conclure que toutes ces différences sont fortuites et qu'elles ne connaissent aucune influence directe. D'abord, on ne peut pas supposer comme pour les décès l'influence des saisons, de la température. Le mariage est un acte purement volontaire, cependant cette volonté peut recevoir une influence de la part des événements de certaines époques, et se décider en conséquence de ces événements. C'est ainsi que 1812, 1813 et 1814 nous ont présenté une somme de différence trop imposante pour ne la regarder que comme l'effet du hasard. En effet, qu'on se reporte à ces époques de douloureuse mémoire, et nous y trouverons la raison de cette différence. En 1812 Napoléon avait à soutenir à la fois la guerre d'Espagne et la guerre de Russie; de nombreuses levées d'hommes étaient sans cesse demandées; les mariés n'étant pas appelés, beaucoup de jeunes gens se marièrent pour échapper à ces levées. En 1813, la déroute de Moscou nécessita de nouvelles armées; la France entière sembla menacée d'être soldat. Cependant au milieu de ces rumeurs désolantes les assurances furent données que les personnes mariées à telle époque ne seraient point rappelées. Presque tout ce qu'il y avait de jeunes gens disponibles s'enrôla dans le mariage. De là ce chiffre énorme de 83. En 1814, la France envahie et malheureuse, se couvrit d'un crêpe lugubre qui ne permit guère de songer au mariage. D'ailleurs, presque toute la jeunesse en avait subi le joug l'année précédente, et il fallait donner aux plus jeunes le temps de grandir.

Influence des saisons.

Quoique je ne croie pas à l'influence des saisons sur les mariages, il n'est pas moins curieux de rechercher les temps de l'année où il s'en contracte un plus grand nombre. Cette recherche peut conduire à des résultats sur les usages et même sur la moralité de la nation. Je vais donc présenter dans le tableau n° XIII le relevé des mariages par mois.

Les mois de janvier et de février ont fourni une quantité de mariages bien plus considérable que les autres mois; ce sont ensuite les mois d'avril, de mai et de novembre qui en présentent un peu plus que les autres sept, dont la différence est si peu sensible qu'en parcourant le nombre qu'en a fourni chaque année, on le voit varier alternativement de l'une à l'autre. Il n'y a que le mois de mars qui offre à peu près constamment un chiffre inférieur; il ne doit son niveau avec les autres qu'à l'année 1813, où il s'en trouve 25 inscrits à la fois. De façon que nous pouvons affirmer que ce mois est de tous celui pendant lequel il se fait le moins de mariages. En effet, cette année est une exception, parce que, nous l'avons déja dit, la crainte d'être appelés comme conscrits fit marier subitement une foule de jeunes gens dans ce mois; car, une fois le décret promulgué, le mariage n'aurait plus servi d'exemption. Aussi nous voyons que, de suite après, le nombre des mariages a considérablement diminué. Janvier et février sont les mois du carnaval : cette époque semble en France plus spécialement consacrée au mariage. A Givors, il s'y en est fait le tiers et même plus, si nous faisons abstraction de l'année 1813. Le mois de mars correspond au Carême; la religion fait respecter ce temps de prière et de jeûne. Nous verrons plus loin que le nombre que nous trouvons ici, ne devrait pas compter pour l'époque du mariage, parce que la plupart ne se consomment point alors. Le mois d'avril vient après le Carême; la plupart des mariages qui auraient pu se faire dans le temps ont été renvoyés à ce mois et au suivant. Le nombre des mariages diminue successivement en juin, juillet, août, septembre et octobre. En été, les travaux sont en grande activité et sur la rivière et dans les champs; les habitants n'ont guère le temps de songer au mariage, ils renvoient à l'hiver, époque où la rivière, comme la terre, donne plus de repos. Aussi le mois de novembre présente-t-il tout-à-coup une somme de mariages assez considérable. Le mois de décembre en est peu abondamment pourvu, parce que ce mois correspond à l'Avent, temps de privation pendant lequel l'Église ne donne pas de bénédiction nuptiale, à moins de dispense des supérieurs ecclésiastiques.

Bénédictions nuptiales.

Cette influence des époques religieuses m'a inspiré le désir de faire le relevé des mariages sur les registres de l'Église, afin d'établir la comparaison avec ceux de l'état-civil. Je fais cette comparaison avec d'autant plus d'empressement que le plus souvent le mariage n'est réputé tel qu'après la bénédiction de l'Église, et que ce n'est qu'alors qu'il se consomme.

Nous plaçons de suite le tableau général des mariages de l'Église, classés par année (nº XIV).

Dans les 28 dernières années l'Église a donc administré 925 fois le sacrement de mariage. La municipalité en a enregistré 1037; 112 mariages se sont donc passés des cérémonies religieuses. En comparant le tableau des mariages de l'état-civil avec celui des mariages de l'Église, nous trouvons, à fort peu d'exceptions près, qu'il y a eu chaque année un plus ou moins grand nombre de mariages de moins à l'Église qu'à l'état-civil. Je dis : à fort peu d'exceptions près, parce qu'en effet trois années s'écartent de cet ordre. En 1814, il y a eu 12 bénédictions nuptiales, tandis qu'il n'y a eu réellement que 10 mariages; ce qui tient sans doute à ce que l'année précédente 1813 fut l'année des mariages des jeunes conscrits, et à ce que plusieurs, à cause de leur jeunesse, renvoyèrent à l'année suivante la consommation de leur mariage.

En 1823, il y a eu 95 bénédictions nuptiales, tandis que l'état-civil n'a enregistré que 49 mariages. Cette différence paraîtrait surprenante, et pourrait faire soupçonner que l'Église aurait violé les lois en conférant le sacrement à des personnes qui n'auraient pas été mariées à la municipalité. Un mot suffira pour expliquer tout. Il y eut à Givors une mission en 1823, et bien des personnes, mariées à l'état-civil depuis bien des années, furent amenées à se faire donner la bénédiction nuptiale. Plus de vingt de ces mariages avaient même été contractés avant la liberté des cultes, par conséquent sans participation de l'Église, et antérieurement à l'époque où nous avons commencé nos recherches. Ainsi, ce serait une déduction à faire sur la somme totale des mariages de l'Église, et l'on peut bien assurer que sur les 1037 mariages contractés légalement, 900 à peine l'ont été canoniquement. En 1824 il y a eu un mariage de plus à l'Église qu'à l'état-civil. A-t-il tenu à l'influence du jubilé sur quelque vieux marié? ou bien quelques mariages contractés civilement vers la fin de 1823 se sont-ils consommés seulement en 1824? Ce ne peut être que l'une de ces deux raisons, puisque dans les années consécutives les mariages de l'Église reprennent leur minorité proportionnelle.

Le tableau des bénédictions nuptiales classées par mois (n° XV) nous fera mieux apprécier encore l'influence de l'Église.

Nous retrouvons dans ce tableau à peu près les mêmes différences que nous avons signalées dans le tableau provenant des registres civils. Je ferai observer que dans les mois de janvier il y a eu 134 mariages à l'Église, et seulement 130 à l'état-civil. Cette différence en plus à l'avantage des premiers vient de ce que beaucoup de personnes se marient à la municipalité dans le mois de décembre, époque de l'Avent pendant laquelle l'Église ne confère pas le sacrement, et qu'elles ne reçoivent ensuite la bénédiction nuptiale qu'après cette époque, aussi le mois de décembre n'a-t-il célébré que 12 mariages; deux n'ont obtenu les cérémonies religieuses pendant l'Avent même, qu'avec les dispenses des supérieurs; les 10 autres se sont consommés dans les premiers jours de décembre, parce que le premier dimanche de l'Avent n'est quelquefois que le 2 ou le 3 de ce mois. Dans le mois de mars l'Église n'a célébré que 17 mariages; sur ce nombre 2 seulement ont été bénis pendant le Carême avec les dispenses; les 15 autres l'ont été dans les premiers jours du mois, lorsque le Carême n'a pas commencé en février, comme cela se voit quelquefois. Cependant les trois qui sont notés en 1823 ont été conférés le 31 mars, parce que cette année-là le Carême ayant commencé de bien bonne heure (le 12 février), Pâques se trouva le 30 mars. Le chiffre 136 que nous trouvons à la colonne d'avril n'est dû qu'aux 62 bénédictions nuptiales fruit de la mission de 1823; car si l'on supprimait au moins 55 pour ne laisser dans ce mois que les 7 qui doivent être le nombre proportionnel qu'il y aurait eu, le chiffre se trouverait réduit à 81, nombre plus en rapport avec le produit qu'ont donné tous les autres mois.

Nos recherches sur les époques où s'est contracté le plus grand nombre de mariages sont conformes à celles que M. Mourgue a faites à Montpellier.

Il eût sans doute été intéressant de faire des recherches sur l'état des époux avant leur mariage, savoir s'ils étaient célibataires ou veufs ; il eût plus importé encore de signaler leur âge, autant pour établir l'époque de la vie à laquelle se contracte le plus grand nombre de mariages, que pour chercher les différences d'âge entre les deux sexes. Ces recherches, je les ai entreprises ; mais les registres manquaient de détails suffisants pour les poursuivre de manière à satisfaire.

CHAPITRE IV.

RAPPORT DES NAISSANCES, DES DÉCÈS ET DES MARIAGES ENTRE EUX.

Rapport des Naissances avec les Décès.

Nous avons vu que pendant 28 ans le nombre des naissances s'est élevé à Givors à 4582, et que le nombre des décès n'a été que de 3007. Il y a donc eu 1575 naissances de plus. En d'autres termes, la proportion des naissances aux décès a été de 9 à 6 ou un tiers de plus, proportion bien supérieure à celle qui avait été reconnue jusqu'à ce jour, et qui sans doute est particulière à Givors, à cause de sa population ascendante. Quoi qu'en aient dit quelques auteurs qui ont essayé de prouver mathématiquement que cette proportion établie sur de grandes localités et sur un laps de temps considérable, finissait par donner une égalité parfaite entre les naissances et les décès, je pense que dans ce moment-ci, en France, et même dans toute l'Europe, le nombre des naissances l'emporte sur le nombre des décès. La conséquence qui s'offre naturellement, c'est que l'excédant des naissances a constitué l'accroissement de la population; mais il ne faut point se laisser surprendre par cette apparence si naturelle. Disons-le hardiment, cette conséquence ne serait point juste. 1° Dans cet espace de temps la population s'est accrue de plus de 1575 habitants; 2° l'excédant des naissances est bien loin d'avoir contribué tout entier à cet accroissement. Celui qui connaît Givors sait que des familles entières et des plus nombreuses ont en quelque sorte émigré, pour chercher des moyens de fortune ou d'établissement partout ailleurs et surtout à Lyon, et que dans cette grande ville il y a une foule de négociants et d'ouvriers qui sont originaires de Givors. Je ne crains point de me tromper en évaluant à plus de mille le nombre de cette espèce d'émigration. Je ferai observer encore que beaucoup de mères, ne pouvant pas alaiter leurs enfants, les mettent en nourrice dans les villages environnants, et comme c'est l'âge de la plus grande mortalité, il est à présumer que beaucoup d'enfants sont allés mourir ailleurs et ont contribué à rendre les décès moins considérables à Givors. Enfin, il n'est pas rare non plus que des habitants malheureux aillent à l'Hôtel-Dieu de Lyon chercher des soulagements à leurs maux et succombent dans cet asyle. Ainsi, d'une part, l'excédant des naissances est moindre que le chiffre ne le donne, circonstance qui, au reste, n'est pas la plus importante. D'autre part, l'émigration est trop considérable pour ne pas mériter qu'on en tienne compte: elle réduit au moins des deux tiers l'excédant des naissances. Or, la population de Givors est de plus de deux mille ames plus considérable qu'elle ne l'était. Cet accroissement ne dépend donc pas d'une cause inhérente aux localités. Il se trouve dans l'affluence des étrangers qui sont venus s'établir à Givors par une espèce d'*immigration*, qui est bien sensible pour les anciens habitants. Le nombre des nouveaux est immense, ce n'est pas trop que de le porter à deux mille. Telle est la véritable cause de l'accroissement de population à Givors. Je n'ai pas besoin de rappeler les éléments de prospérité que possède cette ville : manufactures de verrerie, poterie, commerce des charbons, navigation, canal et aujourd'hui chemin de fer. Ce dernier établissement fera de Givors une ville nouvelle, non seulement par la plus grande quantité de charbon qui y passera pour se rendre de là sur tous les points de consommation voisins du Rhône et de la Saône, mais à cause du commerce nouveau qu'il y transportera pour s'y coloniser, pour ainsi dire. Le chemin de fer est en pleine activité de Givors à Rive-de-Gier; il a passé les espérances des entrepreneurs sous le rapport des moyens de transport. On n'osait pas espérer qu'une pente aussi douce que celle de Rive-de-Gier au Rhône fût suffisante pour faire marcher avec vélocité les vagons. On avait pensé qu'il faudrait peu de chevaux, mais qu'il en faudrait. Eh bien! vingt vagons abandonnés à leur propre impulsion se rendent à Givors avec une rapidité telle, qu'en vingt minutes ils parcourraient près de trois lieues, si l'on n'avait pas la précaution de les enrayer un peu, afin d'éviter les accidents qui pourraient résulter d'une semblable vélocité. Comme les chevaux sont indispensables pour remonter les vagons, on les fait descendre de Rive-de-Gier dans un char fait exprès; pendant le trajet ils mangent et se reposent, de façon qu'en arrivant ils sont frais et peuvent se mettre en route. On peut dire avec vérité qu'on mène les chevaux en voiture pour ne pas les fatiguer. Le chemin se poursuit jusqu'à Saint-Étienne; là existe déja un chemin de fer qui se rend à la Loire et qui doit aller jusqu'à Roanne. Lorsque cette longue communication de Givors à Roanne, ou plutôt du Rhône à la Loire navigable, existera sans interruption, les marchandises du midi qui se rendent dans le nord changeront de direction; elles prendront la voie la plus commode, la plus courte et la moins coûteuse. Ce sera le chemin de fer qui opérera ce changement. Par le Rhône, les marchandises remonteront en grandes masses à Givors. Là elles se chargeront sur le chemin de fer, qui les rendra avec célérité à Roanne. De cette ville elles descendront par la Loire, presque sans frais, jusqu'au canal de Briare, qui les conduira dans la Seine, dont les eaux les feront arriver bien vîte à Paris. Givors est donc appelé à devenir le centre des expéditions commerciales du midi: c'est dans cette ville que s'établiront avant peu les commissionnaires. Il en résultera pour Lyon un préjudice réel: car la plupart des maisons de commission et de roulage qui donnent l'activité et la vie au quai du Rhône, seront obligées de se transporter à Givors. C'est là que sera le point central, sinon des opérations commerciales, au moins de la direction des marchandises. Cet avenir est certain; aussi il promet à Givors un accroissement de prospérité qui en changera la destinée, qui en fera une ville nouvelle.

Il conviendrait peut-être de rechercher si les naissances ont eu quelque influence sur les décès. Au premier abord la question semble facile à résoudre, on ne voit guère l'influence qu'elles peuvent avoir exercée. Cependant cette influence existe, elle n'est point imaginaire et illusoire. Rappelons-nous d'abord ce que nous avons dit sur les décès nombreux des nouveau-nés, et nous commencerons à soupçonner qu'un plus grand nombre de naissances peut entraîner un plus grand nombre de décès. Cette présomption n'est pas suffisante, il faut l'étayer de preuves. Or, la meilleure est de mettre en rapport le nombre des naissances de chaque année avec le nombre des décès des enfants d'un an et au dessous, ainsi que je l'ai fait dans le tableau n° XVI.

Il est impossible, d'après ce tableau, de ne pas admettre une influence des naissances sur la mortalité. Presque toujours le chiffre des décès augmente ou diminue à proportion de celui des naissances. Cependant ce rapport n'est pas tellement constant, qu'il ne présente quelques exceptions; mais elles sont peu nombreuses, et elles peuvent s'expliquer facilement par l'influence qu'exercent les saisons plus ou moins rigoureuses sur les nouveau-nés, et qui est nulle sur les naissances. Or, la somme des décès de cet âge étant plus du quart de la somme totale des décès, il est évident que les naissances en exerçant une influence réelle sur les décès du premier âge, l'exercent consécutivement sur les décès en général.

Peut-on regarder comme une influence des naissances sur la mortalité les décès des malheureuses mères en couche? On le peut; mais il meurt tout au plus tous les trois ou quatre ans une femme en couche : de façon que cette influence ne peut être que d'une bien faible importance, eu égard à la somme totale des décès. D'ailleurs ces décès n'ayant guère lieu avant l'âge de vingt ans, ni après quarante, se trouveraient répartis sur plusieurs époques de la vie.

M. le docteur Villermé a cru remarquer que le nombre des naissances était en sens inverse du nombre des décès, c'est-à-dire que les mois de l'année où il y a le plus de naissances sont ceux où il y a le moins de décès, et *vice versa*. La comparaison de nos deux tableaux des naissances et des décès classés par mois suffit pour nous prouver que ce rapport n'existe pas à Givors; mais elle ne détruit pas les faits recueillis par mon savant et estimable ami.

En comparant le nombre des naissances avec le nombre des décès de chaque sexe, nous devons faire remarquer que les décès du sexe masculin, quoique plus nombreux que les décès du sexe féminin, sont loin de présenter la même différence que les naissances. En effet, il est né un onzième de garçons de plus que de filles, et il est mort seulement un quarantième de garçons de plus que de filles. Cette différence ferait supposer une progression toujours croissante de population de garçons ; cependant rien n'autorise à penser qu'il y ait aujourd'hui à Givors une proportion plus grande d'hommes que de femmes. Cette différence ne provient que de ce qu'un plus grand nombre d'hommes va mourir ailleurs qu'à Givors, soit à la guerre et dans les camps, soit en s'expatriant pour aller chercher une occupation lointaine, soit sur la rivière, qui est la principale branche d'exploitation de Givors et sur laquelle les accidents sont si fréquents. Si l'on pouvait en faire la recherche, je suis persuadé qu'on trouverait que l'émigration des hommes l'emporte de beaucoup sur celle des femmes. Ainsi, quoique les décès des hommes soient moins considérables à Givors que ceux des femmes proportionnellement à la quantité des naissances, l'équilibre est rétabli par les émigrations et les morts lointaines.

Rapport des Naissances avec les Mariages.

Il y a eu 4582 naissances et 1037 mariages ; ce qui fait 3545 naissances de plus : la proportion a donc été de 2 mariages sur 9 naissances, terme à peu près le même que celui qui avait été obtenu par les recherches précédemment citées du gouvernement, 3 sur 14. Y a-t-il eu quelque rapport entre les naissances et les mariages ? Il semble d'abord qu'il ne peut en exister aucun : car on n'appellera pas rapport, lorsque, comme cela s'est vu quelquefois, un baptême a été la cause d'un mariage. Ce qui a lieu dans cette circonstance n'a rien de particulier ni de dépendant du baptême même; il n'arrive alors que ce que l'on voit dans toute réunion de famille. C'est là bien souvent que les connaissances se font, que les sentiments prennent naissance et que se donnent les espérances d'une union prochaine. Si cette influence est nulle, il n'en est pas de même de celle qu'exercent le nombre des mariages sur le nombre des naissances. Presque toujours les premières années du mariage donnent un plus grand nombre d'enfants; on peut donc, jusqu'à un certain point, présumer que l'année où il s'est fait le plus grand nombre de mariages, sera suivie l'année d'après d'un plus grand nombre de naissances. C'est ce que nous allons examiner dans le tableau n° XVII.

Le rapport n'est pas constant : on sent à com... de chances devaient l'exposer les naissances plus ou moins nombreuses. Cependant il existe pour le plus grand nombre des années. Toujours on voit l'année qui suit celle où se sont faits un grand nombre de mariages, présenter une augmentation réelle de naissances. Ainsi, en 1813, il y a eu 83 mariages, et l'année suivante 179 naissances; tandis qu'en 1814 10 mariages seulement ayant eu lieu, le nombre des naissances n'a été l'année suivante que de 141. En 1823, 49 mariages ont produit, pour 1824, 186 naissances. En 1826, 50 mariages sont suivis de 188 naissances. Je sais qu'il y a quelques exceptions. En 1822 surtout, il n'y a eu que 31 mariages et cependant en 1823 il y a eu 193 naissances, proportion bien plus élevée qu'aucune autre. Je ferai remarquer que ce fut au commencement de cette année qu'eut lieu la mission religieuse de Givors. Et pour qu'on ne s'y trompe point, je m'empresse de dire que ce n'est pas à l'influence des bons pères que j'attribue la part de cet excédant, mais seulement à l'influence des idées religieuses sur l'accomplissement complet des fonctions matrimoniales.

Pour mieux préciser jusqu'à quel point existe cette influence des mariages sur les naissances, j'ai fait, dans le tableau nº XVIII, le relevé comparatif des naissances et des mariages qui ont eu lieu dans chaque mois.

On voit, d'après ce tableau, qu'il ne faudrait pas ajouter une trop grande confiance à cette idée de l'influence des mariages sur les naissances; si l'on prenait les naissances qui ont eu lieu neuf mois juste après les mariages. En effet, les mois de janvier et février correspondraient aux mois de mars et avril, époque de l'année où se contracte le moins grand nombre de mariages. Cependant si l'on réfléchit que le plus souvent la grossesse ne commence pas immédiatement après la cérémonie nuptiale, on trouvera que le grand nombre des mariages contractés en janvier et février a dû exercer son influence, d'abord sur les mois de novembre et décembre, et ensuite sur ceux de janvier et février, conjointement avec la puissante action du printemps, que nous ne devons pas perdre de vue.

Je regrette que les actes de naissance n'aient fait aucune mention de l'âge de l'accouchée. Nous aurions pu de ce point de recherches déduire l'époque de la plus grande fécondité des femmes, et en la comparant avec l'époque de leur mariage, nous serions arrivé à préciser l'âge réel où la fécondité étant plus grande indique celui que la nature semble avoir fixé pour le mariage.

Là se borne tout ce que nous pouvions dire des rapports des naissances avec les décès et avec les mariages. Quant aux rapports des décès avec les mariages, je n'en connais aucun, toute espèce de rapprochement ne serait qu'idéal et dénué de fondement.

J'aurais voulu établir les rapports des naissances, des décès et des mariages avec les professions, j'aurais voulu également établir l'influence du célibat et du mariage sur la population, et surtout sur la longévité ; mais la chose m'a été impossible : les registres ne m'ont fourni à cet égard que des notes trop imparfaites pour pouvoir m'en servir avec fruit.

Baglivi avertissait ses lecteurs qu'il écrivait *in aere romano*, afin de les mettre en garde contre les différences qu'ils auraient pu remarquer dans leurs climats respectifs. Dans le même but je dirai : C'est à Givors qu'ont été faits les relevés que je présente à l'Académie.

P. S. Depuis que ce travail est fait, la Compagnie de chemin de fer a remplacé les chevaux par des machines à vapeur.

Tableau général des naissances classées par année.

N. I.

Années.	Nombre.	Garçons.	Filles.	Légitimes.	Naturels.	Jumeaux.
1803	142	76	66	142		
1804	129	67	62	127	2	
1805	153	94	59	152	1	
1806	154	71	83	152	2	6
1807	151	78	73	145	6	
1808	161	86	75	155	6	2
1809	168	86	82	166	2	2
1810	163	82	81	162	1	2
1811	142	66	76	141	1	
1812	144	86	58	143	1	
1813	166	80	86	163	3	2
1814	179	95	84	174	5	2
1815	141	71	70	135	6	2
1816	164	95	69	157	7	10
1817	144	71	73	140	4	4
1818	163	80	83	158	5	10
1819	179	104	75	173	6	6
1820	133	68	65	131	2	4
1821	160	90	70	154	6	2
1822	167	92	75	163	4	10
1823	193	103	90	186	7	
1824	186	94	92	183	3	4
1825	165	85	80	161	4	6
1826	188	95	93	183	5	2
1827	189	107	82	186	3	4
1828	182	83	99	179	3	
1829	212	101	111	209	3	8
1830	164	86	78	162	3	
Total.	4582	2392	2190	4481	101	88

Tableau général des Naissances classées par mois.

N. II.

Années	Janv.	Févr.	Mars.	Avril	Mai.	Juin.	Juill.	Août.	Sept.	Oct.	Nov.	Déc.
1803	20	7	13	10	16	8	11	9	9	15	9	15
1804	12	12	15	8	7	9	11	14	11	7	10	13
1805	19	10	11	12	7	12	15	17	9	10	10	21
1806	11	16	19	10	14	10	12	7	15	9	17	14
1807	14	13	18	14	5	12	20	11	12	14	8	10
1808	14	12	15	15	13	11	14	16	10	10	16	15
1809	14	9	13	13	18	13	13	21	13	17	11	13
1810	6	8	15	20	16	15	16	14	14	9	14	16
1811	16	11	16	12	11	10	14	7	11	11	9	14
1812	15	17	9	10	17	10	20	6	5	10	12	13
1813	9	17	16	20	15	14	7	11	13	12	21	11
1814	22	22	19	15	17	13	11	8	11	16	7	18
1815	8	11	9	11	22	5	18	9	13	17	5	13
1816	21	15	16	10	15	10	6	13	20	14	12	12
1817	12	14	8	15	10	20	7	10	12	12	14	10
1818	10	11	16	11	13	17	14	13	11	19	14	14
1819	18	13	16	11	19	12	17	16	11	21	13	12
1820	11	10	9	10	12	10	9	12	10	11	18	11
1821	22	21	12	16	14	12	7	14	6	15	11	10
1822	12	18	9	14	16	14	14	14	9	16	15	16
1823	22	21	13	14	10	14	12	21	18	18	14	16
1824	25	20	15	12	10	16	18	14	10	18	18	10
1825	17	14	19	7	18	11	8	15	10	14	20	12
1826	20	16	15	15	16	19	20	10	12	15	15	15
1827	29	14	15	12	17	6	11	19	16	14	14	22
1828	11	16	10	19	13	15	9	18	20	12	23	16
1829	25	16	11	31	20	11	17	17	14	18	18	14
1830	16	13	14	14	17	10	13	7	18	14	11	17
Total.	451	397	386	381	398	339	364	363	343	388	379	393

Tableau des naissances des enfants du sexe masculin, classées par mois.

N. III.

Années.	Janv.	Févr.	Mars.	Avril.	Mai.	Juin.	Juill.	Août.	Sept.	Oct.	Nov.	Déc.
1803	12	2	7	3	11	5	5	5	4	6	7	9
1804	6	6	8	4	5	6	4	8	3	5	6	6
1805	13	7	9	5	5	5	11	9	6	7	7	10
1806	5	8	9	5	5	5	6	3	9	5	7	4
1807	8	8	11	8	1	5	12	6	6	5	4	4
1808	7	5	9	12	9	6	7	7	5	7	7	5
1809	7	7	5	5	9	6	9	13	8	7	6	4
1810	4	5	7	11	8	6	11	7	4	3	7	9
1811	9	4	7	7	2	4	8	3	5	5	4	8
1812	7	13	4	6	11	6	10	6	2	6	8	7
1813	4	9	9	11	8	4	3	7	4	8	8	5
1814	12	13	9	8	10	6	5	4	6	9	6	7
1815	5	6	5	7	9	2	9	7	6	8	3	4
1816	13	8	6	4	8	8	1	8	13	10	8	8
1817	6	6	4	4	5	12	2	5	7	8	8	4
1818	7	5	9	4	6	9	9	6	6	7	7	5
1819	13	6	10	7	12	5	10	7	7	12	9	6
1820	6	3	3	5	8	7	5	6	6	5	7	7
1821	10	14	8	8	5	11	4	5	2	10	7	6
1822	5	8	6	6	8	8	9	7	5	7	11	12
1823	8	14	8	10	6	11	5	11	11	8	4	7
1824	12	11	7	7	4	7	11	8	3	10	7	7
1825	11	7	8	5	8	5	4	7	6	5	12	7
1826	10	9	7	6	10	9	11	4	5	7	8	9
1827	14	8	8	7	13	3	8	10	9	8	6	13
1828	6	7	1	8	7	8	5	9	10	5	8	9
1829	9	9	6	10	9	5	8	10	7	10	11	7
1830	10	5	6	7	9	6	8	1	11	9	5	9
Total.	239	213	196	190	211	180	200	189	176	202	198	198

TABLEAU des naissances des enfants du sexe féminin, classées par mois.

N. IV.

Années.	Janv.	Févr.	Mars.	Avril.	Mai.	Juin.	Juill.	Août.	Sept.	Oct.	Nov.	Déc.
1803	8	5	6	7	5	3	6	4	5	9	2	6
1804	6	6	7	4	2	3	7	6	8	2	4	7
1805	6	3	2	7	2	7	4	8	3	3	3	11
1806	6	8	10	5	9	5	6	4	6	4	10	10
1807	6	5	7	6	4	7	8	5	6	9	4	6
1808	7	7	6	3	4	5	7	9	5	3	9	10
1809	7	2	8	8	9	7	4	8	5	10	5	9
1810	2	3	8	9	8	9	5	7	10	6	7	7
1811	7	7	9	5	9	6	6	4	6	6	5	6
1812	8	4	5	4	6	4	10	0	3	4	4	6
1813	5	8	7	9	7	10	4	4	9	4	13	6
1814	10	9	10	7	7	7	6	4	5	7	1	11
1815	3	5	4	4	13	3	9	2	7	9	2	9
1816	8	7	10	6	7	2	5	5	7	4	4	4
1817	6	8	4	11	5	8	5	5	5	4	6	6
1818	3	6	7	7	7	8	5	7	5	12	7	9
1819	5	7	6	4	7	7	7	9	4	9	4	6
1820	5	7	6	5	4	3	4	6	4	6	11	4
1821	12	7	4	8	9	1	3	9	4	5	4	4
1822	7	10	3	8	8	6	5	7	4	9	4	4
1823	14	7	5	4	4	3	7	10	7	10	10	9
1824	13	9	8	5	6	9	7	6	7	8	11	3
1825	6	7	11	2	10	6	4	8	4	9	8	5
1826	10	7	8	9	6	10	9	6	7	8	7	6
1827	15	6	7	5	4	3	3	9	7	6	8	9
1828	5	9	9	11	6	7	4	9	10	7	15	7
1829	16	7	5	21	11	6	9	7	7	8	7	7
1830	6	8	8	7	8	4	5	6	7	5	6	8
Total.	212	184	190	191	187	159	164	174	167	186	181	195

Tableau général des décès classés par année.

N. V.

Années	Nombre.	Garçons	Filles.	1 an.	3 ans	7 ans	15 ans	20 ans	30 ans	40 ans	50 ans	60 ans	70 ans	80 ans	100 ans
1803	124	57	67	23	34	21	5	2	4	4	4	16	6	5	»
1804	74	37	37	18	11	2	4	2	7	6	3	4	8	6	3
1805	120	56	64	27	11	9	7	4	7	10	7	9	12	15	2
1806	101	57	44	29	12	1	5	4	5	7	6	10	4	11	7
1807	99	54	45	36	9	2	1	1	4	4	13	8	9	6	6
1808	81	47	34	25	7	3	1	2	7	4	7	7	11	7	»
1809	117	57	60	29	27	14	5	2	2	6	9	6	8	2	7
1810	86	39	47	31	16	9	1	2	4	1	3	6	4	6	3
1811	85	42	43	23	16	3	5	4	1	5	6	3	10	6	3
1812	90	47	43	19	14	11	6	1	4	4	3	8	10	8	2
1813	85	44	41	22	11	7	5	»	7	5	2	7	6	8	5
1814	107	59	48	29	8	15	7	2	5	11	3	10	12	3	2
1815	92	49	43	24	20	8	6	4	2	4	4	6	5	6	3
1816	80	38	42	18	13	4	2	2	5	3	3	5	9	9	7
1817	135	58	77	32	38	10	7	4	4	3	6	10	7	10	4
1818	95	50	45	29	14	5	4	1	4	5	7	7	5	11	3
1819	119	59	60	35	15	7	4	5	4	6	16	6	7	9	5
1820	111	49	62	28	11	5	4	6	8	5	5	12	10	11	6
1821	96	40	56	28	13	4	5	5	3	5	7	8	8	9	1
1822	112	50	62	23	19	7	9	5	11	6	6	8	9	6	3
1823	121	62	59	37	11	8	5	4	5	3	4	10	16	12	6
1824	118	56	62	37	9	7	4	5	9	3	4	9	14	11	6
1825	163	92	71	37	15	8	7	3	7	13	10	19	15	26	3
1826	125	62	63	44	12	3	5	5	6	6	12	6	10	5	11
1827	108	57	51	25	12	7	7	4	7	7	9	11	8	7	4
1828	124	62	62	23	16	7	4	3	8	11	14	15	5	14	4
1829	115	69	46	34	13	6	4	5	7	6	6	8	8	13	5
1830	124	63	61	26	20	6	6	3	12	3	10	12	9	13	4
Tot.	3007	1522	1485	791	427	199	135	90	159	156	189	246	245	255	115

Tableau des Décès classés par mois.

N. VI.

Années	Janv.	Févr.	Mars.	Avril	Mai.	Juin.	Juill.	Août.	Sept.	Oct.	Nov.	Déc.
1803	3	8	5	10	16	14	14	15	17	9	7	6
1804	5	3	7	7	5	6	5	14	3	4	12	3
1805	13	10	6	5	10	9	7	18	12	15	9	6
1806	9	1	13	5	6	6	8	12	13	10	10	8
1807	14	6	5	6	5	5	10	11	15	9	4	9
1808	8	2	9	8	12	6	3	11	5	5	4	8
1809	11	14	5	6	5	2	5	9	12	15	15	18
1810	10	5	12	5	6	6	8	8	10	5	5	6
1811	9	7	4	6	9	11	9	4	8	5	11	2
1812	10	6	7	7	3	4	9	7	7	8	9	13
1813	8	9	8	9	7	4	5	6	8	5	8	8
1814	7	10	14	6	11	12	5	3	6	11	11	11
1815	6	10	10	7	8	11	6	9	7	7	7	4
1816	11	8	6	6	8	2	6	2	6	10	7	8
1817	9	7	14	10	13	8	13	23	16	8	5	9
1818	12	9	6	6	14	8	4	17	6	2	5	6
1819	13	4	6	3	13	8	16	17	10	10	11	8
1820	7	6	15	7	6	5	12	15	14	9	4	11
1821	5	9	3	5	5	5	7	21	15	5	11	5
1822	5	8	10	12	13	13	9	8	14	4	8	8
1823	11	8	13	16	6	11	5	18	6	12	8	7
1824	5	6	6	5	9	7	7	13	20	21	9	10
1825	10	17	14	19	19	15	20	4	14	12	11	8
1826	14	9	3	7	9	8	9	18	17	12	14	5
1827	8	7	14	5	6	5	10	16	10	11	9	7
1828	10	15	13	10	9	9	14	11	11	5	10	7
1829	11	12	8	7	13	9	6	12	9	10	10	8
1830	14	7	7	7	8	4	13	25	11	13	9	6
Total.	258	223	243	212	254	213	245	347	302	252	243	215

Tableau des décès du sexe masculin classés par mois.

N. VII.

Années.	Janv.	Févr.	Mars.	Avril	Mai.	Juin.	Juil.	Août.	Sept.	Oct.	Nov.	Déc.
1803	3	3	3	3	6	7	7	5	9	4	4	3
1804	4	2	3	3	1	1	3	7	3	2	6	2
1805	7	7	2	3	5	4	3	5	7	7	4	2
1806	5	1	5	5	3	1	6	5	7	9	4	6
1807	7	1	3	5	4	2	4	6	8	6	2	6
1808	6	»	6	7	5	4	2	8	2	3	2	2
1809	4	7	2	2	3	2	4	6	8	8	4	7
1810	7	»	8	4	2	3	2	4	5	2	1	1
1811	3	7	2	5	4	4	5	1	3	2	5	1
1812	3	3	6	4	2	3	6	2	3	4	5	6
1813	6	4	6	3	5	3	2	4	4	2	2	3
1814	4	7	7	4	4	10	1	1	4	6	6	5
1815	4	4	7	3	4	6	5	5	1	3	6	1
1816	6	2	3	3	5	1	4	1	1	7	3	2
1817	4	3	6	4	5	2	3	12	9	5	2	3
1818	7	4	2	2	10	2	3	8	5	»	3	4
1819	5	2	2	1	7	6	9	9	4	5	5	4
1820	4	3	6	2	1	3	7	6	8	4	1	4
1821	3	5	1	2	2	2	5	6	6	2	4	2
1822	2	4	5	3	7	9	3	4	5	2	4	2
1823	4	2	8	8	3	9	3	7	5	7	3	3
1824	2	3	2	2	3	3	5	7	7	9	6	7
1825	5	11	10	11	9	8	9	1	8	8	6	6
1826	7	6	1	4	5	3	4	8	4	9	7	4
1827	3	2	9	1	5	2	5	11	6	3	3	7
1828	6	9	3	4	3	4	9	7	7	2	6	2
1829	7	9	3	4	8	9	4	8	3	3	6	5
1830	9	3	3	2	6	2	9	10	4	8	4	3
Total.	137	114	124	104	127	115	132	164	146	132	114	103

Tableau des décès du sexe féminin classés par mois.

N. VIII.

Années.	Janv.	Févr.	Mars.	Avril	Mai.	Juin.	Juill.	Août.	Sept.	Oct.	Nov.	Déc.
1803	»	5	2	7	10	7	7	10	8	5	3	3
1804	1	1	4	4	4	5	2	7	»	2	6	1
1805	6	3	4	2	5	5	4	13	5	8	5	4
1806	4	»	8	»	3	5	2	7	6	1	6	2
1807	7	5	2	1	1	3	6	5	7	3	2	3
1808	2	2	3	1	7	2	1	3	3	2	2	6
1809	7	7	3	4	2	»	1	3	4	7	11	11
1810	3	5	4	1	4	3	6	4	5	3	4	5
1811	6	»	2	1	5	7	4	3	5	3	6	1
1812	7	3	1	3	1	1	3	5	4	4	4	7
1813	2	5	2	6	2	1	3	2	4	3	6	5
1814	3	3	7	2	7	2	4	2	2	5	5	6
1815	2	6	3	4	5	5	1	4	6	4	1	3
1816	5	6	3	3	3	1	2	1	5	3	4	6
1817	5	4	8	6	8	6	10	11	7	3	3	6
1818	5	5	4	4	4	6	1	9	1	2	2	2
1819	8	2	4	2	6	2	7	8	6	5	6	4
1820	3	3	9	5	5	2	5	9	6	5	3	7
1821	2	4	2	3	3	3	2	15	9	3	7	3
1822	3	4	5	9	6	4	6	4	9	2	4	6
1823	7	6	5	8	3	2	2	11	1	5	5	4
1824	3	3	4	3	1	4	2	6	13	12	3	3
1825	5	6	4	8	10	7	11	3	6	4	5	2
1826	7	3	2	3	4	5	5	10	13	3	7	1
1827	5	5	5	4	1	3	5	5	4	8	6	»
1828	4	6	10	6	6	5	5	4	4	3	4	5
1829	4	3	5	3	5	»	2	4	6	7	4	3
1830	5	4	4	5	2	2	4	15	7	5	5	3
Total.	121	109	119	108	123	98	113	183	156	120	129	112

Tableau des décès des enfants d'un an et au dessous, classés par mois.

N. IX.

Années.	Janv.	Févr.	Mars.	Avril	Mai.	Juin.	Juill.	Août.	Sept.	Oct.	Nov.	Déc.
1803	»	3	»	2	1	4	2	2	2	2	1	4
1804	2	1	1	3	1	1	1	3	1	»	3	1
1805	6	1	1	1	1	2	2	4	3	1	5	»
1806	2	»	3	1	2	3	3	4	1	4	5	1
1807	6	2	3	1	»	3	3	4	8	1	»	5
1808	2	»	2	1	6	1	1	4	3	1	1	3
1809	5	4	2	»	2	»	1	5	1	3	2	4
1810	2	»	6	1	2	1	4	7	5	2	1	»
1811	2	2	1	»	1	6	3	1	5	»	2	»
1812	5	1	1	1	2	1	2	1	1	»	2	2
1813	1	4	1	1	4	1	1	2	1	1	4	1
1814	1	2	6	1	3	4	»	1	3	»	5	3
1815	2	4	3	2	2	2	2	2	3	»	2	»
1816	3	3	2	1	3	»	2	1	»	1	»	2
1817	2	1	3	1	2	4	4	6	4	4	»	1
1818	»	1	»	»	6	3	2	9	5	1	1	1
1819	1	1	1	1	4	1	7	6	3	4	3	3
1820	1	»	5	»	»	2	4	8	3	»	1	4
1821	»	2	»	3	2	1	2	11	4	»	3	»
1822	1	»	2	3	1	6	3	4	3	»	»	»
1823	2	2	5	2	3	4	1	7	4	5	1	1
1824	1	3	3	1	1	»	1	8	9	7	1	2
1825	3	6	4	3	5	1	3	1	5	2	3	1
1826	5	1	»	3	4	3	5	9	7	4	2	1
1827	4	2	3	»	1	1	5	4	»	1	3	1
1828	2	2	2	3	»	2	6	1	4	»	»	1
1829	1	2	1	2	5	4	3	9	3	2	1	1
1830	2	1	»	4	2	»	5	6	2	2	»	2
Total.	64	51	61	42	66	61	78	130	93	48	52	45

TABLEAU de mortalité des vieillards.

N. X.

Age.	Nombre.	Hommes.	Femmes.
61	17	10	7
62	20	12	8
63	17	8	9
64	17	9	8
65	21	12	9
66	24	12	12
67	11	5	6
68	28	13	15
69	16	7	9
70	73	31	42
71	17	10	7
72	21	9	12
73	20	12	8
74	22	9	13
75	38	21	17
76	15	8	7
77	17	11	6
78	31	20	11
79	9	5	4
80	65	27	38
81	10	3	7
82	13	6	7
83	9	4	5
84	13	3	10
85	19	10	9
86	15	7	8
87	8	5	3
88	6	3	3
89	2	»	2
90	6	1	5
91	4	1	3
92	4	1	3
93	2	1	1
94	1	1	»
95	2	2	»
96	1	»	1
97	1	»	1
98	»	»	»
99	»	»	»
Total	615	299	316

Tableau général des années.

N. XI.

Age.	Nombre.	Années.
1	791	369
3	427	849
4	85	340
5	51	255
6	36	216
7	24	168
8	29	232
9	16	144
10	18	180
11	11	121
12	13	156
13	12	156
14	19	266
15	20	300
16	15	240
17	18	306
18	25	450
19	14	266
20	17	340
21	12	251
22	11	242
23	20	460
24	14	336
25	24	600
26	17	442
27	15	405
28	18	504
29	9	261
30	17	510
31	6	186
32	22	704
33	15	495
34	19	646
35	10	350
36	26	936
37	11	407
38	14	532
39	7	273
40	28	1120
41	10	410
42	14	588
43	14	602
44	10	440
45	31	1395
46	16	736
47	18	846
48	24	1152
49	14	896
Tot.	2107	22079

Age.	Nombre.	Années.
50	39	1950
51	16	816
52	16	832
53	17	901
54	7	378
55	27	1485
56	27	1512
57	14	798
58	35	2030
59	22	1298
60	65	3900
61	17	1037
62	20	1240
63	17	1071
64	17	1088
65	21	1365
66	24	1582
67	11	737
68	28	1904
69	16	1104
70	73	5110
71	17	1207
72	21	1512
73	20	1460
74	22	1628
75	38	2850
76	15	1140
77	17	1309
78	31	2418
79	9	711
80	65	5200
81	10	810
82	13	1066
83	9	747
84	13	1092
85	19	1635
86	15	1290
87	8	696
88	6	528
89	2	178
90	6	540
91	4	364
92	4	368
93	2	186
94	1	94
95	2	190
96	1	96
97	1	97
Tot.	900	61550
Rap.	2107	22079
Tot.	3007	83629

Tableau des mariages classés par année.

N. XII.

Années.	Nombre.
1803	26
1804	25
1805	35
1806	36
1807	18
1808	37
1809	39
1810	37
1811	26
1812	40
1813	83
1814	10
1815	27
1816	46
1817	36
1818	30
1819	39
1820	32
1821	33
1822	31
1823	49
1824	23
1825	47
1826	50
1827	43
1828	43
1829	46
1830	50
Total.	1037

Tableau général des bénédictions nuptiales classées par année.

N. XIV.

Années.	Nombre.
1803	22
1804	22
1805	28
1806	22
1807	16
1808	28
1809	29
1810	28
1811	20
1812	32
1813	73
1814	12
1815	20
1816	43
1817	28
1818	26
1819	41
1820	23
1821	30
1822	19
1823	95
1824	24
1825	32
1826	47
1827	42
1828	38
1829	41
1830	44
Total.	925

Tableau des mariages classés par mois.

N. XIII.

Années.	Janv.	Févr.	Mars.	Avril	Mai.	Juin.	Juill.	Août.	Sept.	Oct.	Nov.	Déc.
1803	5	4	3	1	6	2	»	»	2	2	1	»
1804	3	6	1	2	2	1	4	2	2	»	1	1
1805	3	4	5	5	6	1	1	4	»	1	2	3
1806	7	5	»	2	4	2	»	3	2	3	4	4
1807	3	2	»	4	1	»	»	»	2	1	5	»
1808	3	4	1	»	2	4	4	2	5	7	4	1
1809	5	3	»	4	4	1	2	4	3	3	8	2
1810	1	5	2	3	3	4	5	3	2	3	6	»
1811	4	4	»	3	»	1	1	4	5	2	2	»
1812	10	3	»	2	4	4	3	1	3	1	6	3
1813	4	17	25	8	6	5	3	5	2	2	4	2
1814	1	2	»	»	»	1	1	1	»	»	4	»
1815	2	5	2	»	1	4	2	»	2	2	3	4
1816	4	15	5	2	2	4	1	2	2	3	3	3
1817	1	2	»	2	1	2	3	2	4	6	4	9
1818	2	2	1	2	2	1	2	1	4	2	4	7
1819	3	6	»	6	4	4	2	»	1	5	7	1
1820	6	5	3	2	3	»	3	1	3	2	3	1
1821	6	6	3	2	4	1	4	2	1	3	1	»
1822	3	5	2	2	4	1	2	2	1	1	2	6
1823	11	9	4	8	2	1	2	4	3	2	2	1
1824	1	7	1	»	2	4	3	1	3	1	»	»
1825	1	7	1	6	3	4	5	4	5	4	5	2
1826	10	7	1	3	4	4	4	3	5	3	3	3
1827	9	8	4	2	3	5	2	2	1	1	2	4
1828	8	8	2	2	6	3	3	2	»	1	6	2
1829	7	14	2	3	4	4	2	2	»	1	6	1
1830	7	4	»	3	5	8	3	9	3	2	1	5
Total.	130	169	68	79	88	76	67	66	66	64	99	65

Tableau des mariages à l'Église classés par mois.

N. XV.

Années.	Janv.	Févr.	Mars.	Avril	Mai.	Juin.	Juill.	Août.	Sept.	Oct.	Nov.	Déc.
1803	5	4	»	2	»	4	1	»	2	»	4	»
1804	1	5	»	1	1	1	1	7	1	»	4	»
1805	2	8	»	2	4	1	1	3	1	2	4	»
1806	5	3	»	1	5	2	»	2	»	1	1	2
1807	3	1	»	3	1	»	»	»	1	2	4	1
1808	2	3	1	»	2	4	4	1	4	4	2	1
1809	5	3	»	4	1	2	3	4	2	»	5	»
1810	3	5	2	1	2	2	3	2	1	3	4	»
1811	4	4	»	2	»	»	»	4	2	2	2	»
1812	7	3	»	1	4	6	1	2	2	1	5	»
1813	9	15	1	14	10	7	3	6	2	2	4	»
1814	2	3	»	3	»	»	1	1	»	»	2	»
1815	3	3	»	1	1	2	3	»	3	2	1	1
1816	7	14	»	3	2	2	4	3	1	4	3	»
1817	4	2	»	3	1	2	3	3	3	4	3	»
1818	7	2	»	3	»	2	2	»	4	1	3	2
1819	7	6	2	5	5	2	2	»	1	4	7	»
1820	4	4	»	3	4	»	1	1	3	»	3	»
1821	5	4	1	1	6	1	4	3	1	2	»	2
1822	3	2	»	2	3	1	3	1	1	2	1	»
1823	8	4	3	62	2	3	3	3	4	1	2	»
1824	2	5	3	»	1	4	3	3	2	»	1	»
1825	»	6	»	5	2	4	5	4	1	2	3	»
1826	6	9	1	7	2	3	6	1	6	3	3	»
1827	8	12	1	2	5	5	3	2	1	1	1	1
1828	8	8	»	1	5	4	3	2	»	1	6	»
1829	8	11	2	2	3	6	2	1	»	»	6	»
1830	6	5	»	2	3	7	4	9	4	2	2	2
Total.	134	154	17	136	75	77	69	68	53	46	84	12

TABLEAU comparatif des naissances avec les décès des enfants d'un an et au dessous.

N. XVI.

Années.	Naissances	Décès.	Années.	Naissances	Décès.
1803	142	23	1817	144	32
1804	129	18	1818	163	29
1805	153	27	1819	179	35
1806	154	29	1820	133	28
1807	151	36	1821	160	28
1808	161	25	1822	167	23
1809	168	29	1823	193	37
1810	163	31	1824	186	37
1811	142	23	1825	165	37
1812	144	19	1826	188	44
1813	166	22	1827	189	25
1814	179	29	1828	182	23
1815	141	24	1829	212	34
1816	164	18	1830	164	26

Rapport des naissances avec les mariages.

N. XVII.

Années.	Naissances	Mariages.	Années.	Naissances	Mariages.
1803	142	26	1817	144	36
1804	129	25	1818	163	30
1805	153	35	1819	179	39
1806	154	36	1820	133	32
1807	151	18	1821	160	33
1808	161	37	1822	167	31
1809	168	39	1823	193	49
1810	163	37	1824	186	23
1811	142	26	1825	165	47
1812	144	40	1826	188	50
1813	166	83	1827	189	43
1814	179	10	1828	182	43
1815	141	27	1829	212	46
1816	164	46	1830	164	50

Tableau comparatif des naissances avec les mariages, basé sur les mois.

N. XVIII.

Mois.	Naissances	Mariages.
Janvier . .	451	130
Février . .	397	169
Mars. . . .	386	68
Avril. . . .	381	79
Mai	398	88
Juin. . . .	339	76
Juillet. . .	364	67
Août. . . .	363	66
Septembre.	343	66
Octobre . .	388	64
Novembre.	379	99
Décembre .	393	65

www.ingramcontent.com/pod-product-compliance
Ingram Content Group UK Ltd.
Pitfield, Milton Keynes, MK11 3LW, UK
UKHW051023210726
13857UKWH00007B/1245

9 782013 032551